高等职业教育新能源汽车类专业教材

新能源汽车故障诊断技术

湖南省职业教育与成人教育学会 ◎ 组织编写
高职交通运输类专业委员会

王 彪　李新江 ◎ 主　编
彭建新　钟浩晖 ◎ 副主编

人民交通出版社股份有限公司

北　京

内 容 提 要

本书是高等职业教育新能源汽车类专业教材之一。本书通过低压起动系统故障诊断、高压起动系统故障诊断、高压行驶系统故障诊断、充电系统结构原理与故障诊断、空调系统故障诊断和典型故障案例分享六个部分对新能源汽车各工作系统工作原理及排故思路进行了梳理,采用系统原理图、实物图、电路图配合深入浅出的文字详细介绍了各个系统的特点和工作原理。实操部分提供了一定数量的案例,涵盖了新能源车辆常见故障,参考全国职业技能竞赛标准和职业技能鉴定标准设置了实训方案,方便进行理实一体化的教学过程。本书以比亚迪e5纯电动汽车、比亚迪秦EV纯电动汽车等车型为例,编写过程参考了原厂维修资料,本着便于教学、促进理解、激发思考的目的,针对性地作出了部分调整。

本书可用于职业院校新能源汽车技术专业、汽车维修专业电动化课程的专业教学,可以作为一体化教学的理论学习资料和操作指导手册,也可作为技能竞赛或生产培训学习的辅助资料,还可以供新能源汽车维修人员及相关技术人员技术参考使用。

图书在版编目(CIP)数据

新能源汽车故障诊断技术/王彪,李新江主编.—北京:人民交通出版社股份有限公司,2024.2
ISBN 978-7-114-19223-4

Ⅰ.①新… Ⅱ.①王… ②李… Ⅲ.①新能源—汽车—故障诊断—高等职业教育—教材 Ⅳ.①U469.707

中国国家版本馆CIP数据核字(2024)第016045号

书　　名：新能源汽车故障诊断技术
著 作 者：王　彪　李新江
责任编辑：郭　跃
责任校对：赵媛媛　龙　雪
责任印制：刘高彤
出版发行：人民交通出版社股份有限公司
地　　址：(100011)北京市朝阳区安定门外外馆斜街3号
网　　址：http://www.ccpcl.com.cn
销售电话：(010)59757973
总 经 销：人民交通出版社股份有限公司发行部
经　　销：各地新华书店
印　　刷：北京市密东印刷有限公司
开　　本：787×1092　1/16
印　　张：8
字　　数：182千
版　　次：2024年2月　第1版
印　　次：2024年2月　第1次印刷
书　　号：ISBN 978-7-114-19223-4
定　　价：28.00元

(有印刷、装订质量问题的图书,由本公司负责调换)

前言

随着新一轮科技革命和产业变革深入推进,汽车与能源、交通、信息通信等领域加速融合,汽车的电动化、网联化、智能化、共享化成为汽车产业发展的主流和趋势。为了对接汽车产业发展新趋势,满足新能源汽车领域高质量发展对高素质技术技能人才的需求,推动职业教育专业升级和数字化改造,提高人才培养质量,湖南省职业教育与成人教育学会高职交通运输类专业委员会组织湖南交通职业技术学院、湖南国防工业职业技术学院、湖南机电职业技术学院、湖南生物机电职业技术学院、湖南石油化工职业技术学院、益阳职业技术学院共同编写了高等职业教育新能源汽车类专业教材。

本套教材编写深入贯彻落实党的二十大对教材建设与管理作出的新部署、新要求,遵循知识和技能并重的改革方向,根据高等职业教育的特点以及高职高专院校学生的学习情况进行编写,具有以下特点:

(1)教材编写依据最新的课程标准及特定的工作任务,构建难度适当的理论知识体系,以学生的实操内容及职业素养培养为核心,围绕典型工作任务设计教材项目、任务,突出知识的实用性、综合性和先进性。教材设置"三维目标""任务描述"等内容,每本教材均配有"任务工单",充分体现理论实践一体化的教学模式。

(2)教材编写过程中充分吸纳行业、企业专家,深入了解目前行业、企业对本专业人才的实际需求,由相关企业提供部分配套的教学资源和技术支持,行业企业人员真正深度参与教材编写与开发。

(3)部分教材配备了丰富的教学资源(纸数融合),教材的知识点以二维码链接动画、视频资源,所有教材配有课件、习题及答案等,满足学生个性化学习的需求,提升教材使用体验感。

(4)教材中融入了丰富的课程思政元素及党的二十大精神内容,选取国产汽车品牌进行详解,培养学生的国产品牌意识,增强民族自信,体现"培根铸魂、启智润心"教育目标,实现思想政治教育与技术技能培养的有机结合。

本书由湖南石油化工职业技术学院王彪、湖南赛普莱斯智能科技有限公司李新江担任主编,湖南石油化工职业技术学院彭建新、湖南赛普莱斯智能科技有限公司钟浩晖担任副主编,李新江、彭建新负责统稿。在本系列教材的编写过程中,得到了湖南赛普莱斯智能科技有限公司企业的大力支持,在此表示感谢。

限于编者水平,书中难免有疏漏和错误之处,恳请广大读者提出宝贵建议,以便进一步修改和完善。

编 者

2023 年 11 月

目录

项目一　低压起动系统故障诊断 1
- 任务1　低压起动系统控制原理 1
- 任务2　仪表黑屏车辆无反应故障诊断与排除 8
- 任务3　起动仪表显示异常故障诊断与排除 11
- 习题 19

项目二　高压起动系统故障诊断 21
- 任务1　高压起动控制原理认知 21
- 任务2　仪表"READY"("OK")指示灯点亮后熄灭故障诊断与排除 25
- 任务3　仪表无"READY"("OK")指示灯故障诊断与排除 30
- 习题 34

项目三　高压行驶系统故障诊断 35
- 任务1　高压行驶系统控制原理认知 35
- 任务2　车辆限制功率行驶故障诊断与排除 41
- 任务3　车辆无法行驶故障诊断与排除 45
- 习题 49

项目四　充电系统结构原理与故障诊断 51
- 任务1　交直流充电工作原理认知 51
- 任务2　交流充电故障诊断与排除 56
- 任务3　直流充电故障诊断与排除 64
- 习题 68

项目五　空调系统故障诊断 70
- 任务1　空调制冷、制热控制原理与空调使用认知 70

任务2　空调制冷异常故障诊断与排除 …………………………… 74
任务3　空调制热异常故障诊断与排除 …………………………… 80
任务4　空调鼓风机不工作故障诊断与排除 ……………………… 84
习题 ……………………………………………………………………… 88

项目六　典型故障案例分享 ………………………………………… 90

案例1　整车控制器（VCU）故障诊断与排除 …………………… 90
案例2　无钥匙进入和起动系统（PEPS）故障诊断与排除 ……… 96
案例3　转向盘解锁失败故障诊断与排除 ………………………… 102
案例4　IMMO认证失败故障诊断与排除 ………………………… 105
案例5　高压互锁故障诊断与排除 ………………………………… 111
习题 ……………………………………………………………………… 117

参考文献 ………………………………………………………………… 119

项目一
低压起动系统故障诊断

知识目标
(1) 掌握新能源汽车低压起动系统控制原理。
(2) 掌握新能源汽车车辆仪表黑屏、车辆无反应故障诊断与排除方法。
(3) 掌握新能源汽车车辆起动仪表显示异常故障诊断与排除方法。

技能目标
(1) 能够进行新能源汽车低压电路检查与检测。
(2) 能够进行新能源汽车低压蓄电池拆装及检测。
(3) 能够进行新能源汽车车辆仪表检测与更换。

素养目标
(1) 遵守课堂纪律,具有良好的职业道德和工匠精神。
(2) 积极完成学习任务,具备团队合作精神。
(3) 严格遵守实训室 6S 管理。

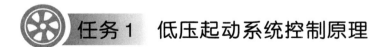

任务 1　低压起动系统控制原理

任务描述

你在某新能源汽车 4S 店做技术服务,某用户对新能源汽车低压起动系统控制原理比较关注,请你向用户介绍新能源汽车低压起动系统的控制原理。

一、知识准备

(一) 低压蓄电池系统

1. 蓄电池的作用

汽车蓄电池的主要作用是发动机起动时向起动机和点火装置供电。传统燃油汽车的蓄电池的作用是起动发动机,新能源汽车是在车辆起动时给起动模块供电。

在传统燃油汽车上,12V 蓄电池主要用于在发电机未工作时为起动系统和其他用电设备提供电能。由于起动机在工作时需要很大电流,故传统燃油车辆对蓄电池的起动电流和容量有一定的要求。

在新能源汽车中,12V 蓄电池通常用于向车上的低功率系统供电(比如电动助力转向盘、车灯、仪表、中控、车门锁等)、唤醒高压锂电池系统(高压动力蓄电池系统在进入工作模式之前,必须由控制单元执行安全检测,而控制单元所需要的电能由 12V 蓄电池提供)、安全状态变更(如遇紧急情况,高压系统需要在瞬间关闭,而后低压系统需能够保持门控锁、声音、导航系统等在高压系统关闭时继续工作)。

传统燃油汽车采用蓄电池、发电机、双电源。发动机停止时汽车用电器采用蓄电池供电,发动机起动后发电机向蓄电池充电。新能源汽车没有发动机,插电式混合动力电动汽车的发动机也不是实时工作的。因此,新能源汽车由动力蓄电池通过 DC/DC(直流/直流)变换器转换为低电压,为低压蓄电池充电,再由低压蓄电池为低压用电系统供电。低压配电结构如图 1-1 所示。

图 1-1 低压配电结构

2. 新能源汽车常用蓄电池的种类

车用起停 12V 蓄电池一般都采用铅酸蓄电池(图 1-2),铅酸蓄电池工艺成熟、安全性高(可以在温度超过 100℃ 的机舱内稳定运行,几乎不会发生爆燃)、成本低,但是其存在寿命短(起停蓄电池一般寿命为 2~3 年)、质量大及污染大(铅酸蓄电池含有大量的重金属,特别是铅,对于人体的危害很大)的缺点。比亚迪在多个系列车型蓄电池选用上采用了能量密度更高、寿命更长(基本可以做到和车辆同寿命)、更加环保(几乎不会出现电解质泄漏问题,且是无铅蓄电池)的磷酸铁锂蓄电池(图 1-3)。

3. 比亚迪磷酸铁锂蓄电池

比亚迪磷酸铁锂蓄电池如图 1-4、图 1-5 所示。

项目一 低压起动系统故障诊断

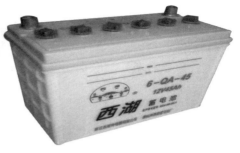

图1-2 铅酸蓄电池

图1-3 磷酸铁锂蓄电池

低压铁蓄电池
- 低压蓄电池内部包含蓄电池管理器,其通过通信口和整车模块交互信息;
- 铁蓄电池有电压、电流和温度监测功能,存在异常状态会触发故障报警功能,当铁蓄电池故障报警时,仪表上故障指示灯点亮,同时显示"请检查低压蓄电池系统"。

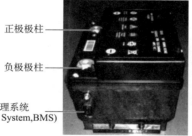

正极极柱
负极极柱
低压蓄电池管理系统
(Battery Management System,BMS)
插接件

图1-4 比亚迪磷酸铁锂蓄电池(一)

- 车辆拥有智能充电模式:当低压蓄电池检测到电量偏低时,在安全条件满足的情况下,通过动力蓄电池给起动蓄电池充电;
- 低压蓄电池休眠、唤醒功能:当车辆长期存放后,起动蓄电池可能已进入休眠状态,智能钥匙将无法实现遥控寻车及车辆解锁功能;此时只需将智能钥匙靠近左前车门附近,按下左前门把手的微动开关,即会唤醒低压蓄电池。

端子号及端子定义:
1号针脚:B-CAN-High
3号针脚:B-CAN-Low
6号针脚:低功耗唤醒机械开关

6号针脚:低功耗唤醒功能;低压蓄电池处于休眠状态时,通过左前门微动开关拉低,低压蓄电池管理系统(BMS),接通金属氧化物半导体场效应(Metal Oxide Semiconductor,MOS)管,正极柱接通。

图1-5 比亚迪磷酸铁锂蓄电池(二)

(二)低压配电与起动控制

1. 比亚迪 e5/比亚迪秦 EV 低压配电

比亚迪 e5/比亚迪秦 EV 低压配电原理如图 1-6、图 1-7 所示。

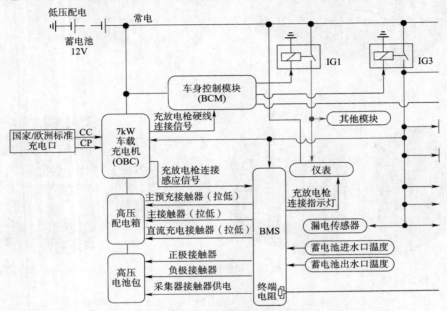

图 1-6　比亚迪 e5/比亚迪秦 EV 低压配电原理(一)

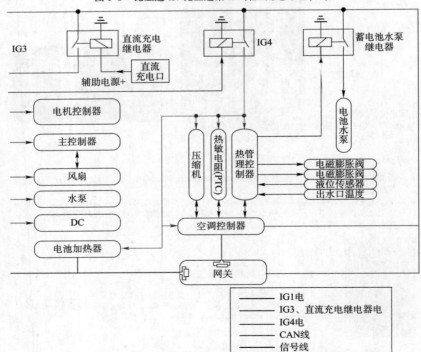

图 1-7　比亚迪 e5/比亚迪秦 EV 低压配电原理(二)

2. 比亚迪 e5/比亚迪秦 EV 起动控制

比亚迪 e5 触动车门微动开关,信号连接到智能钥匙系统控制器,智能钥匙系统控制器(Key-less ECU)驱动车外磁卡探测天线,发出含有加密报文的低频检测信号,用于车辆合法钥匙检测认证(车外探测天线的信号检测范围在 0.8~1m 之间);电子智能钥匙接收低频检测信号,读取数据并与触发信号进行比较,若匹配,电子智能钥匙电路被唤醒;电子智能钥匙分析数据并加密,通过电子智能钥匙的高频模块发出高频信号给汽车(用于车辆解锁、闭锁、起动及迎宾灯点亮等功能实现),汽车内部集成了高频接收器的 Key-less ECU 接收智能钥匙的密钥信息,Key-less ECU 分析数据并进行比较验证;如果验证通过,Key-less ECU 通过起动子网通知汽车车身控制模块(Body Control Module,BCM)模块开启所有车门的门锁。

BCM 模块需接收到制动踏板被踩下的制动信号、起动开关被按下起动信号、挡位在 P/N 挡的挡位信号、有效钥匙防盗验证信号(防盗解锁)及轮速小于 2km/h 的轮速信号。当满足以上条件时,BCM 控制 IG1、IG3 继电器接通供电。IG1 继电器唤醒组合仪表、网关、挡位传感器、电子驻车制动系统;IG3 继电器唤醒整车控制器、蓄电池管理系统、电机控制器。与整车运行相关的控制模块完成自检并进入正常工作状态,如果自检过程有影响到起动的故障或状态,则可以记录故障并通过车载网络传输相应的信号至其他模块;如果各模块的状态都正常,则高压控制系统可以控制车辆进行高压上电。比亚迪 e5 智能钥匙原理如图 1-8 所示。

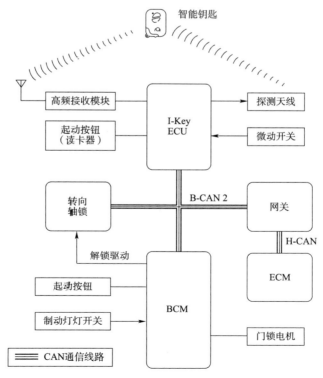

图 1-8 比亚迪 e5 智能钥匙系统原理

二、任务实施

(一) 实施要求

本操作任务主要完成新能源汽车低压蓄电池拆装及检测。

(二) 实施准备

(1) 防护装备；
(2) 实训车辆、台架；
(3) 工具；
(4) 辅助材料。

(三) 实施步骤

以比亚迪 e5 为例，介绍新能源汽车低压蓄电池更换及检测步骤，其他车型可参照维修手册实施。

1. 维修前准备
(1) 穿戴防护用品。
(2) 铺绝缘垫。
(3) 安装座椅套、地板垫、变速器操纵杆套、转向盘套。
(4) 铺装翼子板布、前格栅布，安放三角木。
(5) 准备拆装工具、检查及检测仪表。

2. 新能源汽车低压蓄电池拆装及检测
(1) 检测蓄电池。
①车辆熄火(按下车辆起停按钮，车辆下电)，车辆静置 5min 以上开始作业。
②检查蓄电池壳体是否破裂或端子松动或漏液。
③使用万用表测量蓄电池电压(表 1-1)。

蓄电池电压及表示结果　　　　表 1-1

电压值(V)	表示结果	电压值(V)	表示结果
>12.7	蓄电池正常	<12.7	蓄电池亏电，需要充电

(2) 拆卸蓄电池。
①拆卸蓄电池负极连接线缆。
②拔下高压维修开关。
③再拆卸蓄电池极正极线缆，如图 1-9 所示。
④拆卸蓄电池压板。
⑤取出蓄电池，如图 1-10 所示。

项目一　低压起动系统故障诊断

图1-9　拆卸蓄电池正极线缆

图1-10　取出蓄电池

（3）安装蓄电池。
①将更换的蓄电池放回蓄电池座。
②安装蓄电池压板。
③连接蓄电池极正极线缆。
④安装高压维修开关。
⑤连接蓄电池极负极线缆，如图1-11所示。

图1-11　连接蓄电池负极线缆

三、任务工单

任务实训工作记录单

任务名称					
组长姓名		班级		同组同学	
教师姓名		地点		日期	
实训目标					
设备及工具					
组员分工					

续上表

实训过程内容与流程记录	
实训步骤	
实训任务回顾与总结	
任务收获与结果	
建议和改进措施	

任务2　仪表黑屏车辆无反应故障诊断与排除

任务描述

一辆新能源汽车比亚迪 e5 仪表黑屏车辆无反应，请你完成故障诊断与排除。

故障现象

一辆新能源汽车比亚迪 e5，遥控车辆无反应，按下车门微动开关开启车门无反应，使用机械钥匙打开门，起动车辆无反应，车辆仪表黑屏无反应。

一、知识准备

新能源汽车整车控制系统采用低电压电源（采用 12V 供电），与传统燃油汽车一样，为了在起动开关关闭时的用电需要和新能源汽车起动用电的需要，新能源汽车配备有 12V 的低压辅助蓄电池。正常时，该辅助蓄电池保持 12V 电压，能保证新能源车辆各部件正常工作所需电量，新能源汽车起动后，车辆 DC/DC 变换器能为辅助蓄电池补充电能，所以低压辅助蓄电池始终维持车辆控制系统正常工作。

目前新能源汽车低压辅助蓄电池主要使用铅酸蓄电池或锂离子蓄电池，其本身的容量为 40~60A·h。如果使用者在新能源汽车起动开关关闭状态下没有关闭低压电器，将会导致低压辅助蓄电池电量减小。电压迅速下降，会导致电压不足，造成车辆无法起动。新能源汽车起动后，如果车辆 DC/DC 变换器不能正常工作，也会导致低压辅助蓄电池持续放电，电压快速下降，引起新能源汽车行驶途中关闭控制系统，导致汽车行驶途中失去动力。低压辅助蓄电池本身老化或故障也会导致车辆无法起动。

比亚迪 e5 低压铁蓄电池属于锂离子蓄电池，与大多数车辆的铅酸蓄电池不一样，低压铁蓄电池内部包含蓄电池管理器，其通过通信口和整车模块交互信息。铁蓄电池有电压、电流和温度监测功能,若存在异常状态,会触发故障报警功能。当铁蓄电池故障报警时,仪表上故障指示灯亮,同时显示屏显示"请检查低压蓄电池系统"。

比亚迪 e5 车辆拥有智能充电模式,当低压蓄电池检测的电量偏低时,在安全条件满足的情况下,通过动力蓄电池给起动电池充电。

比亚迪 e5 车辆拥有低压蓄电池休眠、唤醒功能,当车辆长期存放后,起动蓄电池可能已进入休眠状态,智能钥匙将无法实现遥控车辆解锁功能,此时只需将智能钥匙靠近左前车门附近,按下左前门把手的微动开关就会唤醒低压蓄电池。

比亚迪 e5 低压铁蓄电池与 DC 低压输出端并联,通过正极熔断丝盒为整车低压电器提供 13.8V 电源。

二、故障原因分析

1. 低压蓄电池故障

新能源汽车在使用过程中会出现低压蓄电池故障,当低压蓄电池出现损坏无法正常工作时,低压蓄电池无法为整车提供起动电流,整车无法起动。电动助力转向盘、车灯、仪表、中控、车门锁、唤醒控制等都无法正常工作。

2. 线路故障

在新能源汽车使用过程中,会出现汽车部件、连接线路的老化、损坏等,都有可能出现低压电路无供电,导致车辆无法起动。

3. DC/DC 电路故障

新能源汽车由动力蓄电池通过 DC/DC 变换器为低电压,为低压蓄电池充电,再由低压蓄电池为低压用电系统供电。当 DC/DC 电路出现故障时,也会导致低压辅助蓄电池持续放电,低压蓄电池无法正常工作,车辆无法起动。

三、故障诊断流程

仪表黑屏车辆无反应故障诊断流程如图 1-12 所示。

四、任务实施

(一) 实施要求

完成比亚迪 e5 仪表黑屏车辆无反应故障诊断与检修任务。

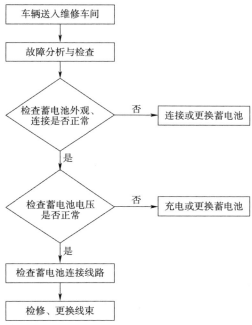

图 1-12　仪表黑屏车辆无反应故障诊断流程

(二)实施准备

(1)防护装备。
(2)实训车辆、台架。
(3)工具。
(4)辅助材料。

(三)实施步骤

1. 维修前准备

(1)穿戴防护用品。
(2)铺绝缘垫。
(3)安装座椅套、地板垫、变速器操纵杆套、转向盘套。
(4)铺装翼子板布、前格栅布,安放三角木。
(5)准备拆装工具、检查及检测仪表。

2. 车辆故障检查诊断与排除

(1)检测蓄电池,检查蓄电池壳体未破裂,端子没有松动,蓄电池没有漏液情况。
(2)用万用表测量蓄电池电压,万用表测量蓄电池电压小于10V。
(3)更换蓄电池,车辆故障排除。

五、任务工单

任务实训工作记录单

任务名称					
组长姓名		班级		同组同学	
教师姓名		地点		日期	
实训目标					
设备及工具					
组员分工					
实训过程内容与流程记录					
实训步骤					
实训任务回顾与总结					
任务收获与结果					
建议和改进措施					

任务3 起动仪表显示异常故障诊断与排除

任务描述

一辆新能源汽车比亚迪 e5 起动仪表显示异常故障,请你完成该车的诊断与检修任务。

故障现象
一辆新能源汽车比亚迪 e5 新能源汽车起动,高压上电正常,仪表无显示。

一、知识准备

1. 比亚迪 e5 汽车仪表

组合仪表结构

比亚迪 e5 汽车仪表主要显示车速、剩余电量、百公里电耗、续驶里程等信息。比亚迪 e5 组合仪表是一种机电组合仪表,位于驾驶人正前方、转向管柱的上部,包括安装件和电气连接等部分。所有组合仪表的电路组成单一线束,用插接件在组合表壳体背面连接。组合仪表的表盘和指示灯保护在一整块透明面罩后面。透明面罩采用遮光板,使仪表的表面免受环境光照和反射的影响,以达到减轻眩光的效果。

组合仪表的照明是通过背后的可调节发光二极管来实现的,这种照明方式可照亮仪表,使其达到必需的能见度。组合仪表的每一个指示灯也是通过专门的发光二极管点亮的。每一个发光二极管都整体式焊接到组合仪表壳体背后的电路板上。连接电路将组合仪表连接到整车的电气系统上,这些连接电路被集成在汽车线束内,按不同位置进行走向,并按多种不同方式固定。

2. 比亚迪 e5 组合仪表指示灯信息

比亚迪 e5 组合仪表指示灯信息见表 1-2。

比亚迪 e5 组合仪表指示灯信息   表 1-2

名称	图标	工作逻辑
转向指示灯	← →	仪表通过硬线采集组合开关转向信号
远光灯指示灯		组合仪表接收到远光灯"开启"的 CAN 信息时,点亮此灯并长亮;接收到远光灯"关闭"的 CAN 信息时,此灯熄灭,此指示灯和远光灯同步工作
示廓灯指示灯		从组合开关接收示廓灯开关信号(CAN)

续上表

名称	图标	工作逻辑
前雾灯指示灯		从组合开关接收前雾灯开关信号(CAN)
后雾灯指示灯		从组合开关接收后雾灯开关信号(CAN)
驾驶人座椅安全带指示灯		从BCM接收安全带开关信号(CAN)
安全气囊(SRS)故障警告灯		从安全气囊系统接收安全气囊故障信号
充电系统警告灯		从充电系统接收充电系统故障信息(硬线)
防抱死制动系统(ABS)故障警告灯	ABS	接收网关发送的ABS故障信息,点亮指示灯;CAN线断线点亮
驻车制动故障警告灯		从驻车制动开关接收驻车信号(硬线);从制动液位开关接收制动液位信号(硬线);当组合仪表采集到"电子制动力分配(EBD)故障"信号(CAN)
电动助力转向(EPS)故障警告灯	(红色)	接收到EPS故障信号(CAN)
智能钥匙系统警告灯		从智能钥匙系统读取钥匙信息(CAN)
防盗指示灯	(红色)	整车进入休眠时,指示灯点亮并保持常亮;经过一段时间后变为闪烁,表明整车已经进入休眠状态
前照灯调节指示灯(预留)		组合仪表采集前照灯调节单元的模式信号(CAN)
巡航主指示灯(预留)		操作转向盘上的巡航按钮,仪表接收网关发送的信息,控制指示灯的点亮和熄灭
巡航控制指示灯(预留)	SET	仪表接收到网关信号,控制指示灯的点亮和熄灭,表明车辆是否进入巡航状态
车门和行李舱状态指示灯		从BCM接收各门和行李舱开关状态(CAN)

续上表

名称	图标	工作逻辑
主告警灯	⚠	接收到故障信息及提示信息（除背光调节、车门及行李舱状态信息外）
车身稳定系统（ESP）故障警告灯		从 ESP 系统接收到 ESP 故障信号（CAN）
ESP OFF 警告灯		接收到 ESP 系统关闭信号（CAN）
胎压故障警告灯（预留）		从胎压监测系统接收到胎压故障信号（CAN）

3. 比亚迪 e5 组合仪表通信信息

比亚迪 e5 组合仪表通信信息见表 1-3。

比亚迪 e5 组合仪表通信信息　　　　表 1-3

发送节点	接收节点	信息	传输类型
BCM	组合仪表	左前门状态 右前门状态 左后门状态 右后门状态 驾驶人安全带开关信号 整车状态 行李舱信号 智能钥匙系统警告灯信号 蜂鸣器控制信号	CAN
SRS	组合仪表	故障指示灯驱动信号	CAN
组合开关	组合仪表	远光灯开关信号 前雾灯开关信号 后雾灯开关信号 米廊灯开关信号	CAN
组合仪表	多功能屏	调光挡位置信号	CAN
组合仪表	多媒体系统	驻车制动开关信号	CAN
网关	组合仪表	排放故障信号 冷却液温度 车速信号 EBD 故障信号 ABS 故障信号 车速信号 Service 报警灯 挡位信号 ESP 故障信号	CAN

续上表

发送节点	接收节点	信息	传输类型
发电系统	组合仪表	充电系统灯	硬线
灯光系统	组合仪表	左转向信号指示灯 右转向信号指示灯	硬线
组合仪表	室内灯系统	背光驱动信号	硬线

二、故障原因分析

比亚迪 e5 起动仪表显示异常，使用表 1-4 可帮助诊断故障原因。根据实际情况检修、更换有故障的零件或进行调整。

比亚迪 e5 故障现象及可疑部位　　　　表 1-4

故障现象	可疑部位
整个仪表不工作	电源电路
	组合仪表
长短里程调节失效	组合仪表/线束/开关
仪表背光调节不起作用	组合仪表/线束/开关
整车背光不可调节	组合仪表
	线束
	其他模块
车速表异常	轮速传感器
	ABS
	网关
	组合仪表
	CAN 通信
仪表转向指示灯不亮	组合开关
	组合仪表
	线束或连接器
远光灯指示灯不亮	CAN 通信
	组合开关
	组合仪表
驻车制动指示灯异常	驻车制动开关
	组合仪表
	线束或连接器

续上表

故障现象	可疑部位
安全系统指示灯异常	BCM
	组合仪表
	CAN 通信
驾驶人座椅安全带指示灯异常	主驾驶人安全带锁扣开关
	BCM
	组合仪表
	CAN 通信
	线束或连接器
安全气囊故障指示灯异常	安全气囊系统
	组合仪表
	CAN 通信
车门和行李舱开启指示灯异常	BCM
	组合仪表
	CAN 通信
后雾灯指示灯异常	组合开关
	组合仪表
	CAN 通信
前雾灯指示灯异常	组合开关
	组合仪表
	CAN 通信
防抱死制动装置指示灯异常	ABS 故障
	组合仪表
	CAN 通信
智能钥匙系统钥匙位置指示灯异常	I-Key ECU
	BCM
	组合仪表
	CAN 通信
示廓灯指示灯异常	组合开关
	组合仪表
	CAN 通信
充电系统指示灯异常	发电机
	组合仪表
	线束或连接器

续上表

故障现象	可疑部位
挡位显示异常	换挡机构
	TCU
	网关
	组合仪表
	CAN 通信
里程信息显示异常	轮速传感器
	组合仪表
	网关
	CAN 通信

三、故障诊断流程

新能源汽车起动仪表显示异常故障诊断流程如图 1-13 所示。

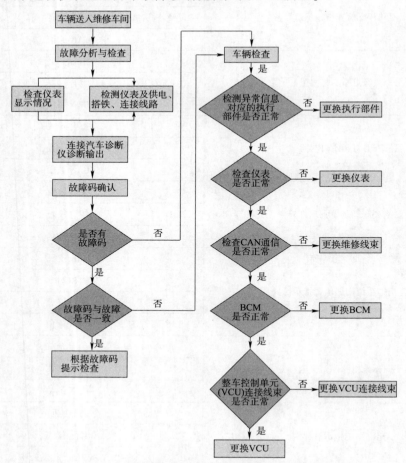

图 1-13　新能源汽车起动仪表显示异常故障诊断流程

四、任务实施

(一)实施要求

完成比亚迪 e5 起动仪表显示异常故障诊断与检修任务。

(二)实施准备

(1)防护装备。
(2)实训车辆、台架。
(3)工具。
(4)辅助材料。

(三)实施步骤

1. 维修前准备
(1)穿戴防护用品。
(2)铺绝缘垫。
(3)安装座椅套、地板垫、变速器操纵杆套、转向盘套。
(4)铺装翼子板布、前格栅布,安放三角木。
(5)准备拆装工具、检查及检测仪表。

2. 车辆故障检查诊断排除
(1)车辆熄火(按下车辆起停按钮,车辆下电)。
(2)查阅车辆维修手册,根据图 1-14 所示的比亚迪 e5 组合仪表电路,用万用表检查熔断丝 F2/25、F2/13,检查熔断丝是否正常。
(3)检测组合仪表连接线束。
①断开组合仪表 G01 连接器。
②检查线束端连接器各端子。
G01-38 与车身搭铁约 13V;G01-39 与车身搭铁约 13V;标准电阻 G01-11 与车身搭铁小于 1Ω,G01-12 与车身搭铁小于 1Ω,连接线束正常。
(4)更换组合仪表。
①车辆熄火(按下车辆起停按钮,车辆下电),车辆静置 5min 以上开始作业。
②断开蓄电池负极。
③拔下高压维修开关。
④拨下转向盘调节杆,将转向盘垂直方向上压下。
⑤拆卸组合仪表罩。
⑥拆卸组合仪表。
⑦安装组合仪表。

a. 接好仪表连接器,将定位孔对准定位点放置好组合仪表。
b. 用十字起安装三个固定螺钉。
⑧安装组合仪表内板。
a. 接好室内温度传感器连接器。
b. 将组合仪表内罩对准并用力按下,保证各卡口固定点安装到位。
⑨安装组合开关上护板。
⑩安装组合开关上护板胶垫。
⑪将转向盘垂直方向抬起,按下调节杆。
(5) 安装高压维修开关及蓄电池负极,车辆上电仪表正常故障排除。

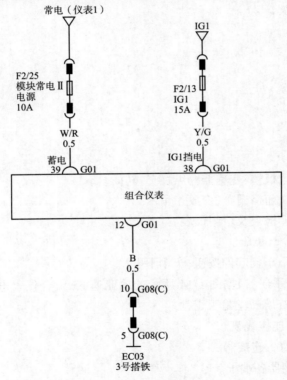

图1-14 比亚迪 e5 组合仪表电路

五、任务工单

任务实训工作记录单

任务名称					
组长姓名		班级		同组同学	
教师姓名		地点		日期	
实训目标					

项目一 低压起动系统故障诊断

续上表

设备及工具	
组员分工	
实训过程内容与流程记录	
实训步骤	
实训任务回顾与总结	
任务收获与结果	
建议和改进措施	

习题

一、判断题

1. 检测到车辆蓄电池电压低于12V则需要充电。　　　　　　　　　　　　（　　）
2. 新能源汽车电动助力转向盘、车灯、仪表、中控等装置均由车辆蓄电池供电。（　　）
3. 新能源汽车由动力蓄电池通过DC/DC变换器为低压用电系统供电。　　（　　）
4. 比亚迪e5使用的起动电池具有触发故障报警功能。　　　　　　　　　（　　）
5. 磷酸铁锂蓄电池比铅酸蓄电池能效要高。　　　　　　　　　　　　　（　　）
6. 车辆挡位显示异常是组合仪表故障。　　　　　　　　　　　　　　　（　　）

二、选择题

1. 新能源汽车比亚迪e5使用的起动电池是(　　　)。
   A. 铅酸蓄电池　　　B. 镍电池　　　C. 磷酸铁锂电池　　　D. 三元锂电池
2. 比亚迪e5低压起动电池的功能有(　　　)。
   A. 起动电池温度监测功能　　　　　B. 触发故障报警功能
   C. 休眠、唤醒功能　　　　　　　　D. 故障报警功能
3. 新能源汽车低压供电(　　　)。
   A. 仪表　　　B. 空调　　　C. 中控　　　D. 前照灯
4. 新能源汽车整个仪表不工作,部件可能发生故障的有(　　　)。

A. 电源电路　　　　B. 组合仪表　　　　C. 组合开关　　　　D. 起动电池

5. 新能源汽车示廓灯异常,部件可能发生故障的有(　　　)。

A. 组合开关　　　　B. CAN 通信　　　　C. 组合仪表　　　　D. 起动电池

三、简答题

1. 简述新能源汽车低压起动系统控制原理。

2. 分析新能源汽车比亚迪 e5 仪表黑屏车辆无反应故障原因。

3. 简述新能源汽车比亚迪 e5 起动仪表显示异常故障诊断流程。

项目二
高压起动系统故障诊断

知识目标

（1）掌握新能源汽车高压起动控制原理。
（2）掌握新能源汽车仪表"READY"指示灯点亮后熄灭故障诊断与排除方法。
（3）掌握新能源汽车仪表无"READY"指示灯故障诊断与排除方法。

技能目标

（1）能够使用诊断仪读取新能源汽车高压系统数据流。
（2）能够进行新能源汽车仪表"READY"指示灯点亮后熄灭故障诊断与排除。
（3）能够进行新能源汽车仪表无"READY"指示灯故障诊断与排除。

素养目标

（1）遵守课堂纪律，具有良好的职业道德和工匠精神。
（2）积极完成学习任务，具备团队合作精神。
（3）严格遵守实训室 6S 管理。

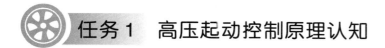

任务1　高压起动控制原理认知

任务描述

某新能源汽车用户对新能源汽车的高压起动系统比较关注，请你向用户介绍新能源汽车高压起动系统的工作原理。

一、知识准备

1. 高压起动原理

电动汽车要能正常起动,动力蓄电池就需要对外供电。为了保证供电安全,整车控制系统必须在确保整车主要高低压部件正常的情况下才会使动力蓄电池的正负极继电器闭合,从而对外输出高压电。整车控制单元(Vehicle Control Unit,VCU)被唤醒将会与其他系统进行信息交互,检测正常后才会使高压继电器闭合而对外供电。

整车高压起动过程是由VCU协调各个控制器,使各控制器按顺序合理地接通控制电信号,使车辆上的各个高压继电器闭合,从而使车辆能够正确地完成"起动"动作,同时进行信息交互和故障检测。整车高压起动过程必须保证逻辑正确、顺序正确、故障检测合理有效。

高压起动过程,按下起动按钮或将钥匙旋转到"Start"挡,松开后回到"ON"挡,且挡位处于N或P挡,整车才开始高压供电检测。整车控制器被唤醒后会进行模式判断,如果此时充电枪插在充电口上,会判断为充电模式,此时将不会进入行车模式,但上高压的流程会继续,以便车辆能正常充电。当整车模式被判断为运行模式后,整车控制器进行初始化并完成自检;之后整车控制器会判断其他控制器自检是否正常,并判断整车是否存在不允许上高压的故障;如果无故障,则VCU发送BMS高压继电器闭合指令,BMS先闭合主负继电器和预充继电器,判断预充完成后再闭合主正继电器;主正继电器闭合后各高压用电器会反馈高压状态是否正常,高压状态正常后,如果挡位在N或P挡、有"START"信号并且有踩踏制动踏板,VCU将会控制车辆进入可行车模式。

2. 高压起动流程

整车高压起动流程如图2-1所示。

二、任务实施

(一)实施要求

使用诊断仪读取新能源汽车比亚迪e5高压起动系统数据流。

(二)实施准备

(1)防护装备。
(2)实训车辆、台架。
(3)工具。
(4)辅助材料。

(三)实施步骤

1. 实施前准备

(1)穿戴防护用品。

(2)铺绝缘垫。

(3)安装座椅套、地板垫、变速器操纵杆套、转向盘套。

(4)铺装翼子板布、前格栅布,安放三角木。

(5)准备拆装工具、检查及检测仪表。

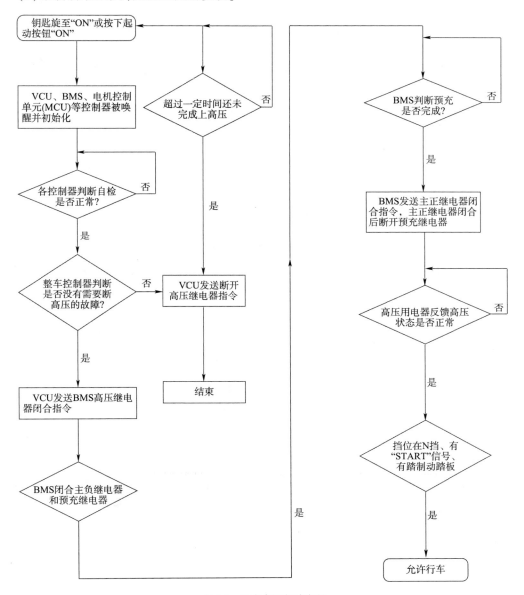

图2-1 整车高压起动流程

2.使用诊断仪进行新能源汽车高压系统检测

(1)连接诊断仪。

(2)起动车辆,打开诊断仪,选择车型进行诊断。

(3)读取高压起动系统数据流,如图2-2~图2-4所示。

图 2-2　读取高压起动系统数据流(一)

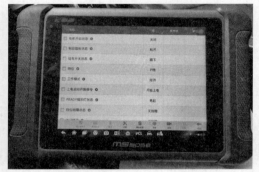

图 2-3　读取高压起动系统数据流(二)

图 2-4　读取高压起动系统数据流(三)

三、任务工单

任务实训工作记录单

任务名称				
组长姓名		班级		同组同学	
教师姓名		地点		日期	
实训目标				

续上表

设备及工具	
组员分工	
实训过程内容与流程记录	
实训步骤	
实训任务回顾与总结	
任务收获与结果	
建议和改进措施	

任务2 仪表"READY"("OK")指示灯点亮后熄灭故障诊断与排除

任务描述

一辆比亚迪秦 EV 发生仪表"OK"指示灯点亮后熄灭故障,请你完成该车的诊断与检修任务。

故障现象

比亚迪秦 EV 按下起动键,有上电声,仪表"OK"指示灯点亮后瞬间熄灭,仪表盘报高压故障(图2-5)。

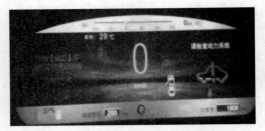

图 2-5　比亚迪秦 EV 仪表报高压故障

一、知识准备

(一) 比亚迪秦 EV 高压电控总成

(1) 高压电控总成内部集成(俗称"四合一或多合一")。
① 双向交流逆发式电机控制器(VTOG)。
② 高压配电和漏电传感器。
③ 双向车载充电器。
④ DC/DC 变换器。

(2) 高压电控总成(前机舱位置),如图 2-6 所示。

图 2-6　高压电控总成(前机舱位置)

(3) 高压电控总成内部模块,如图 2-7 所示。

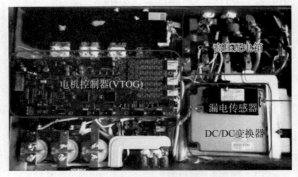

图 2-7　高压电控总成内部模块

(二)高压配电箱内部结构

(1)高压配电箱内部包括铜排连接片、接触器、霍尔电流传感器、预充电阻,动力蓄电池包正、负极输入;接触器由蓄电池管理器控制,控制充放电。

(2)高压配电箱内部结构,如图2-8所示。

图2-8　高压配电箱内部结构

二、故障原因分析

新能源汽车仪表无"READY"("OK")指示灯高压不上电故障主要由绝缘故障、通信故障、互锁回路故障、接触器控制回路故障、动力蓄电池电量过低等故障引起。

(1)低压蓄电池故障。
(2)低压电路故障。
(3)动力蓄电池电量过低。
(4)动力蓄电池故障。
(5)绝缘故障。
(6)通信故障。
(7)互锁回路故障。
(8)接触器控制回路故障。

三、故障诊断流程

仪表"READY"("OK")指示灯点亮后熄灭故障诊断流程如图2-9所示。

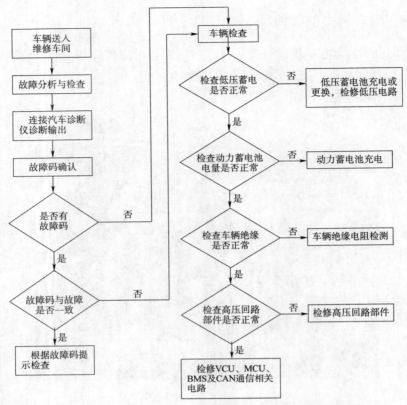

图 2-9 仪表"READY"("OK")指示灯点亮后熄灭故障诊断流程

四、任务实施

(一) 实施要求

完成仪表"READY"("OK")指示灯点亮后熄灭故障诊断与检修任务。

(二) 实施准备

(1) 防护装备。
(2) 实训车辆、台架。
(3) 工具。
(4) 辅助材料。

(三) 实施步骤

1. 维修前准备

(1) 穿戴防护用品。
(2) 铺绝缘垫。

(3)安装座椅套、地板垫、变速器操纵杆套、转向盘套。
(4)铺装翼子板布、前格栅布,安放三角木。
(5)准备拆装工具、检查及检测仪表。

2.车辆故障检查诊断与排除
(1)检测蓄电池。
①检查蓄电池壳体是否破裂或端子松动或漏液。
②用万用表测量蓄电池电压,见表2-1。

蓄电池电压检测结果　　　　　　　　　　　　　　　表2-1

电压值(V)	检测结果	电压值(V)	检测结果
>12.7V	蓄电池正常	<12.7V	蓄电池亏电,需要充电或更换

(2)检查仪表盘动力蓄电池电量。
(3)连接诊断仪故障诊断,给出高压故障提示。
(4)检查车辆绝缘是否正常。
(5)检查高压回路各部件,检查主正接触器触头是否有烧痕。
(6)更换主正接触器,故障排除。

五、任务工单

任务实训工作记录单

任务名称					
组长姓名		班级		同组同学	
教师姓名		地点		日期	
实训目标					
设备及工具					
组员分工					
实训过程内容与流程记录					
实训步骤					
实训任务回顾与总结					
任务收获与结果					
建议和改进措施					

任务3　仪表无"READY"("OK")指示灯故障诊断与排除

任务描述

一辆比亚迪 e5 发生表仪表盘无"READY"指示灯不亮、高压不上电故障,请你完成该车的诊断与检修任务。

故障现象

一辆比亚迪 e5 按下起动键起动,车辆仪表盘"READY"指示灯不亮,高压不上电,起动键亮黄色,转向盘未解锁,不能挂挡,无故障灯提示。仪表显示如图2-10所示。

图2-10　比亚迪 e5 仪表显示

一、知识准备

比亚迪 e5 双向交流逆变式电机控制器(Vehicle to Grid,VTOG)的主要功能如下。

1. 驱动控制(放电)

(1)采集加速踏板、制动踏位、挡位、旋变信号等控制电机正向、反向驱动,正、反转发电功能。

(2)具有高压输出电压和电流控制限制功能,具有电压跌落、过流、过温、智能功率模块(Intelligent Power Module,IPM)过温、绝缘栅双极晶体管(Insulated Gate Bipolar Transistor,IGBT)过温保护、功率限制、转矩控制限制等功能。

(3)具备电控系统防盗、能量回馈控制、自励泄放、他励泄放控制。

VTOG 驱动系统控制原理如图2-11所示。

2. 充电控制

(1)交、直流转换,双向充、放电控制功能;识别单相、三相相序并根据充电电流控制充电方式,根据充电设备识别充电功率,控制充电方式。

(2)根据车辆或其他设备请求信号控制车辆对外放电。

(3)断电重启功能:在电网断电又供电时,可继续充电。

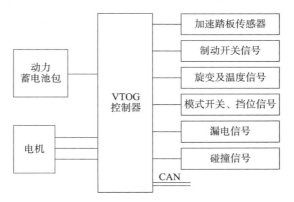

图 2-11　VTOG 驱动系统控制原理

(4)"READY"灯点亮条件:动力蓄电池管理器(BMS)收到 VTOG 反馈的预充满信号。BMS 与 VTOG 反馈的预充满信号控制原理图如图 2-12 所示。

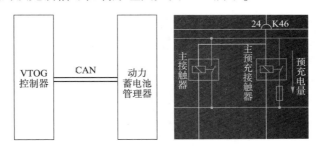

图 2-12　BMS 与 VTOG 反馈的预充满信号控制原理图

起动车辆时,为缓解对高压系统的冲击,动力蓄电池管理器先吸合预充接触器,动力蓄电池包的高压电经过预充接触器并联的限流电阻后加载到 VTOG 母线上,VTOG 检测到母线上的电压与动力蓄电池包电压相差在 50V 以内时,通过 CAN 通道向动力蓄电池管理器反馈一个预充满信号,动力蓄电池管理器收到预充满信号后控制主接触器吸合,断开预充接触器。

二、故障原因分析

新能源汽车仪表无"READY"指示灯、高压不上电故障主要是由主要包括绝缘故障、通信故障、互锁回路故障、接触器控制回路故障、动力蓄电池电量过低等故障。

三、故障诊断流程

仪表无"READY"("OK")指示灯故障诊断流程如图 2-13 所示。

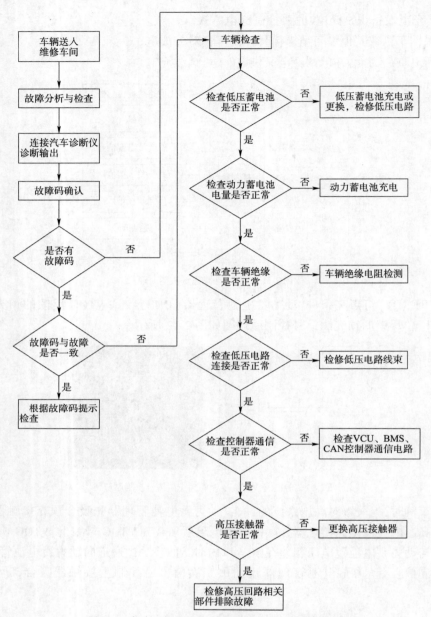

图 2-13 仪表无"READY"("OK")指示灯故障诊断流程

四、任务实施

(一)实施要求

完成仪表无"READY"指示灯故障诊断与排除与检修任务。

(二)实施准备

(1)防护装备。
(2)实训车辆、台架。
(3)工具。
(4)辅助材料。

(三)实施步骤

1. 维修前准备

(1)穿戴防护用品。
(2)铺绝缘垫。
(3)安装座椅套、地板垫、变速器操纵杆套、转向盘套。
(4)铺装翼子板布、前格栅布,安放三角木。
(5)准备拆装工具、检查及检测仪表。

2. 车辆故障检查诊断与排除

(1)检测蓄电池。
①检查蓄电池壳体是否存在破裂、端子松动或漏液。
②用万用表测量蓄电池电压,若大于12V则正常。
(2)检查仪表盘动力蓄电池电量,如图2-14所示,动力蓄电池电量为67%。
(3)连接诊断仪故障诊断,无故障码提示。
(4)检查车辆绝缘是否正常。
(5)检查BMS、CAN通信正常。
(6)检查高压回路各部件,测量预充电阻是否为无穷大。
(7)更换预充电阻,故障排除。

图2-14 比亚迪e5仪表显示电量

五、任务工单

任务实训工作记录单

任务名称				
组长姓名		班级		同组同学
教师姓名		地点		日期
实训目标				
设备及工具				
组员分工				

续上表

实训过程内容与流程记录	
实训步骤	
实训任务回顾与总结	
任务收获与结果	
建议和改进措施	

习题

一、判断题

1. 新能源汽车仪表"READY"指示灯亮表示高压已上电。（　　）
2. 新能源汽车挡位处于 D 挡时，按下起动键车辆无法起动。（　　）
3. 新能源汽车高压互锁回路是由动力蓄电池供电。（　　）
4. 整车高压起动过程是由 VCU 协调各个控制器，使各控制器按顺序合理地接通控制电信号，先闭合预充继电器再闭合主负继电器和主正继电器。（　　）
5. 比亚迪秦 EV 车辆 VTOG 控制电路可以把直流转为交流。（　　）
6. 比亚迪秦 EV 车辆"OK"灯点亮条件是：动力蓄电池管理器（BMS）收到充电机预充满信号。（　　）

二、简答题

1. 简述新能源汽车高压起动控制原理。

2. 简述新能源汽车仪表"READY"（"OK"）指示灯点亮后熄灭故障诊断流程。

3. 简述新能源汽车仪表无"READY"（"OK"）指示灯故障原因。

项目三
高压行驶系统故障诊断

知识目标

(1) 掌握新能源汽车高压行驶系统控制原理。
(2) 掌握新能源汽车车辆限功率行驶故障诊断与排除方法。
(3) 掌握新能源汽车车辆无法行驶故障诊断与排除方法。

技能目标

(1) 能够使用故障诊断仪读取高压行驶系统数据流。
(2) 能够进行新能源汽车车辆限功率行驶故障诊断与排除。
(3) 能够进行新能源车辆无法行驶故障诊断与排除。

素养目标

(1) 遵守课堂纪律,具有良好的职业道德和工匠精神。
(2) 积极完成学习任务,具备团队合作精神。
(3) 严格遵守实训室 6S 管理。

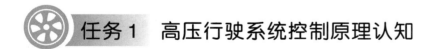

任务1 高压行驶系统控制原理认知

任务描述

某新能源汽车用户对新能源汽车的高压行驶系统比较关注,请你向用户介绍新能源汽车高压行驶系统的工作原理。

一、知识准备

(一)高压配电系统构成

1. 动力蓄电池

动力蓄电池作为车载电源,用周期性的充电来补充电能。动力蓄电池组是电动汽车的关键装备,储存的电能、质量和体积对电动汽车的性能有决定性影响,也是发展电动汽车的主要研究和开发对象。电动汽车的发展症结在于电池,电池技术对电动汽车的制约仍然是电动汽车发展的瓶颈。动力蓄电池是电动汽车中能源供给装置,需要给整车所有系统提供能源。当电量消耗后,也需要给蓄电池充电。因此,动力蓄电池能源流动既有流出,也有流入。

(1)动力蓄电池组提供高压直流电。

(2)动力蓄电池组是供电机工作的唯一动力源。

(3)空调系统的压缩机、正温度系数(Positive Temperature Coefficient,PTC)加热器等,也需要动力蓄电池组提供动力电能。

2. 电源分配单元(PDU)

电源分配单元(Power Distribution Unit,PDU)可以认为是一个电源中转分配的地方,高压系统中各个组件都需要它进行电量分配。电源分配单元也叫分线盒,将动力蓄电池总成输送的电能分配给电机控制器、空调缩机和PTC加热器。此外,交流慢充时,充电电流也会经过分线盒流入动力蓄电池为其充电。

分线盒内对电动压缩机回路、PTC加热器回路、交流慢充回路各设有一个的熔断器。当上述回路电流超过90A时,熔断器会在15s内熔断;当回路电流超过150A时,熔断器会在1s内熔断,保护相关回路。分线盒电气原理如图3-1所示。

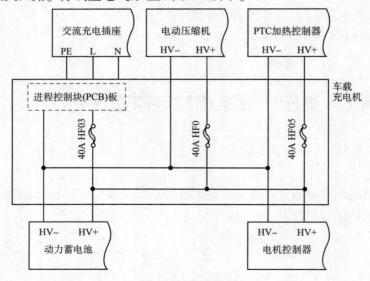

图3-1 PDU电气原理

3. 维修开关

维修开关介于动力蓄电池和 PDU 之间,是个必需的元件。当维修动力蓄电池时,使用它可以进行整车高压电的切断,确保维修安全。

4. 电机控制器与驱动电机

电机控制器将取自 PDU 的高压直流电转为三相交流电提供给驱动电机。而驱动电机将电能转为机械能,提供车辆行驶的动力。同时,驱动电机也可以将行驶中产生的机械能(如制动效能)转化为电能,最终输送给动力蓄电池进行电量的补充。

车辆行驶时,电流从动力蓄电池依次经过直流母线、分线盒、电机控制器高压线、电机控制器、电机三相线到达驱动电机,产生驱动力,能量传递路径如图 3-2 所示(能量回收时传递路线相反)。

图 3-2　驱动能量传递路径

5. 快充口

快充口也称直流充电口,直流充电接口能接收直流充电桩的电能,并通过高压线束将电能输送给动力蓄电池总成,为其充电。快充口输送的是高压直流电,可以不经过处理直接通过 PDU 输送给动力蓄电池进行充电。

6. 慢充口

慢充口又称为交流充电口,如图 3-3 所示,交流充电口能接收交流充电桩的电能,并通过高压线束将电能输送给车载充电机(On Board Charge,OBC),车载充电机将交流电转化成直流电再传递给分线盒,分线盒经过直流母线将直流电传递到动力蓄电池,为其充电。

图 3-3　慢充能量路径

7. DC/DC 变换器

为了达到整车电平衡,需要动力蓄电池提供整车用电器的电源,同时能够给低压蓄电池充电。动力蓄电池的输出的是高压直流电,需要通过 DC/DC 变换器将高压直流电转化为低压直流电。

8. 行驶系统

车辆行驶系统主要包括电机控制器、电机、加速踏板、制动踏板、换挡机构。

目前汽车专用电机驱动系主要有三大驱动系统：直流电机驱动系统、永磁同步电机驱动系统及交流感应电机驱动系统。

1）电机控制器

电机控制器安装在前机舱内，采用 CAN 通信控制，控制着动力蓄电池组到电机之间能量的传输，同时采集电机位置信号和三相电流检测信号，精确地控制驱动电机运行。

电机控制器是一个既能将动力蓄电池中的直流电转换为交流电以驱动电机，同时具备将车轮旋转的动能转换为电能（交流电转换为直流电）给动力蓄电池充电的设备。

车辆制动或滑行阶段，电机作为发电机应用。它可以完成由车轮旋转的动能到电能的转换，给蓄电池充电。

2）加速踏板位置传感器

作为系统的安全性保障之一，加速踏板位置传感器设计成双输出传感器。两个传感器的输出电压信号都随加速踏板的位置增加而增加。

3）制动踏板开关

当驾驶人踩下制动踏板，表现制动或减速意图时，制动踏板开关将踏板位置信号转换成电压信号，通过硬线传递给 VCU。制动踏板开关内部有两组开关，一组为常闭开关，一组为常开开关。VCU 通过两组开关输出电压的变化判断驾驶人的制动或减速意图。

（二）高压配电系统原理

高压配电系统原理如图 3-4 所示。

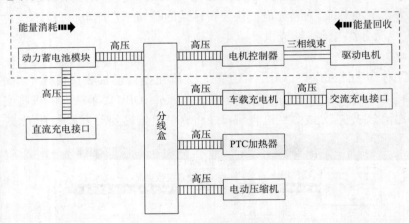

图 3-4　高压配电系统原理

二、任务实施

（一）实施要求

使用诊断仪读取新能源汽车高压行驶系统数据流。

(二)实施准备

(1)防护装备。
(2)实训车辆、台架。
(3)工具。
(4)辅助材料。

(三)实施步骤

1. 实施前准备

(1)穿戴防护用品。
(2)铺绝缘垫。
(3)安装座椅套、地板垫、变速器操纵杆套、转向盘套。
(4)铺装翼子板布、前格栅布,安放三角木。
(5)准备拆装工具、检查及检测仪表。

2. 使用诊断仪进行新能源汽车高压行驶系统检测

(1)连接诊断仪。
(2)起动车辆,打开诊断仪,选择车型进行诊断。
(3)读取高压行驶系统数据流,如图3-5~图3-8所示。

图3-5 读取高压行驶系统数据流(一)

图3-6 读取高压行驶系统数据流(二)

图3-7 读取高压行驶系统数据流（三）

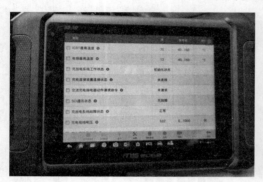

图3-8 读取高压行驶系统数据流（四）

三、任务工单

任务实训工作记录单

任务名称					
组长姓名		班级		同组同学	
教师姓名		地点		日期	
实训目标					
设备及工具					
组员分工					
实训过程内容与流程记录					
实训步骤					
实训任务回顾与总结					
任务收获与结果					
建议和改进措施					

项目三 高压行驶系统故障诊断

任务 2　车辆限制功率行驶故障诊断与排除

任务描述

一辆比亚迪 e5 发生车辆限制功率行驶故障,请你完成该车的诊断与检修任务。

故障现象

一辆比亚迪 e5 起动车辆,车辆提速到 40km/h 后车辆无法加速。

一、知识准备

比亚迪 e5 车辆的加速、减速等驾驶意图由 VTOG 驱动电机完成。VTOG 驱动电机通过整车状态信息,如加速踏板位置信号、制动踏板位置信号、当前车速和整车是否有故障信息等来判断出当前需要的整车驾驶需求,如起步加速减速、匀速行驶等。

VTOG 根据整车工况、动力蓄电池系统和电机驱动系统状态,计算出当前车辆需要的转矩。比亚迪 e5 VTOG 驱动系统电路图如图 3-9 所示。

二、故障原因分析

新能源汽车发生车辆限功率行驶故障主要有加速踏板位置传感器故障、加速踏板连接线束故障等、动力蓄电池系统故障、驱动电机控制系统故障、驱动电机故障等。

三、故障诊断流程

车辆限功率行驶故障诊断流程如图 3-10 所示。

四、任务实施

(一)实施要求

完成车辆限功率行驶故障诊断与检修任务。

(二)实施准备

(1)防护装备。

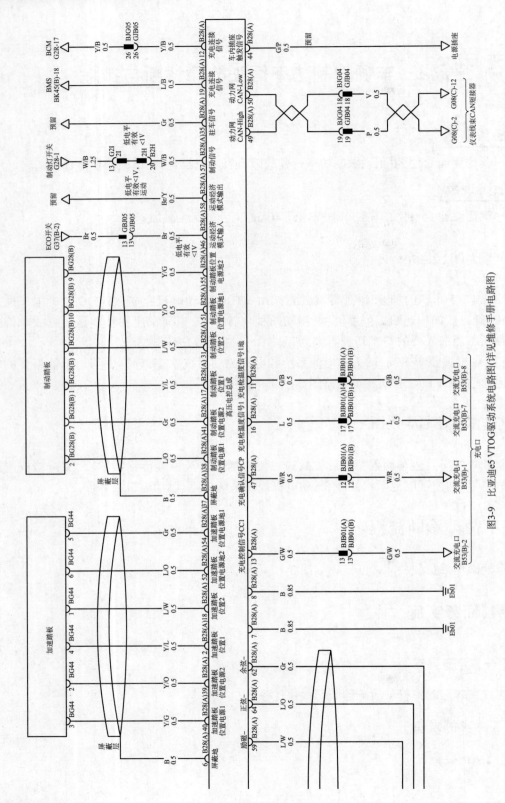

图3-9 比亚迪e5 VTOG驱动系统电路图(详见维修手册电路图)

(2)实训车辆、台架。
(3)工具。
(4)辅助材料。

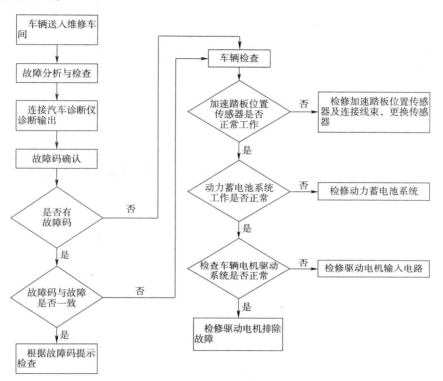

图 3-10 车辆限功率行驶故障诊断流程

(三)实施步骤

1. 维修前准备
(1)穿戴防护用品。
(2)铺绝缘垫。
(3)安装座椅套、地板垫、变速器操纵套、转向盘套。
(4)铺装翼子板布、前格栅布,安放三角木。
(5)准备拆装工具、检查及检测仪表。

2. 车辆故障检查诊断与排除
(1)检查仪表盘动力蓄电池电量是否正常。
(2)连接故障诊断仪。
(3)起动车辆,打开诊断仪诊断。
①选择车型进行诊断,如图 3-11 所示。
②诊断输出无故障码。
③进入比亚迪 e5 车辆模块,选择动力模块,

图 3-11 选择车型

如图 3-12 所示。

④进入动力模块，选择 VTOG_DSP2 进入，读取数据流查看加速踏板位置为 0，如图 3-13、图 3-14 所示。

图 3-12　选择动力模块

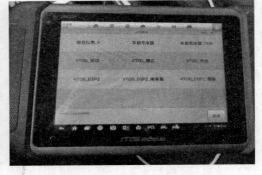

图 3-13　选择 VTOG_DSP2 模式

⑤踩下加速踏板，加速踏板位置数据随着踩下踏板深度改变，加速踏板踩到底时加速踏板深度只有 40，初步判断为加速踏板位置传感器损坏，如图 3-15 所示。

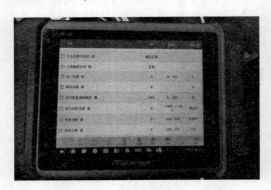

图 3-14　查看加速踏板位置

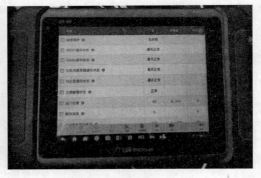

图 3-15　观察数据变化情况

（4）更换加速踏板位置传感器，故障排除，车辆正常。

五、任务工单

任务实训工作记录单

任务名称					
组长姓名		班级		同组同学	
教师姓名		地点		日期	
实训目标					
设备及工具					
组员分工					

续上表

实训过程内容与流程记录	
实训步骤	
实训任务回顾与总结	
任务收获与结果	
建议和改进措施	

任务 3　车辆无法行驶故障诊断与排除

任务描述

一辆比亚迪秦 EV 无法行驶，请你完成该车的诊断与检修任务。

故障现象

一辆比亚迪秦 EV 起动后，仪表显示正常，车辆上电正常，挂 D 挡后车辆蠕动一下停止，随后高压掉电，仪表"OK"灯熄灭，仪表提示"请检查动力系统"。

一、知识准备

电动汽车电机控制器是电动汽车"三电"中的核心，电机控制器实现电动汽车的加速、定速巡航、能量回收，车辆行驶的控制指令都要通过电机控制器来执行。图 3-16 所示为整车电气控制原理。

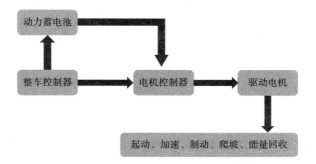

图 3-16　整车电气控制原理

电机控制器（MCU）是纯电动汽车驱动电机控制系统的重要组成部件，它主要起到调节电机运行状态,使其满足整车不同运行要求的目的。具体来说就是 MCU 从整车控制器获得整车需求(挡位、加速、制动等指令),从动力蓄电池获得电能,经自身逆变器调制,获得驱动电机所需电能,从而使电机的转速和转矩满足整车的要求(起动、加速、制动、减速、爬坡、能量回收等)。

电机控制器主要由如下几部分组成。

1. 控制模块

控制模块包括硬件电路和相应的控制软件。硬件电路主要包括微处理器及其最小系统,对电机电流、电压、转速、温度等状态的监测电路,各种硬件保护电路,以及与整车控制器、动力蓄电池管理系统等外部控制单元数据交互的通信电路。控制软件根据不同类型电机的特点实现相应的控制算法。

2. 驱动模块

驱动模块将微控制器对电机的控制信号转换为驱动功率变换器的驱动信号,并实现功率信号和控制信号的隔离。

3. 功率变换模块

功率变换模块对电机电流进行控制。纯电动汽车经常使用的功率器件有大功率晶体管、门极可关断晶闸管、功率场效应管、绝缘栅双极晶体管以及智能功率模块等。

电机控制器的工作原理是在驱动电机系统中,由电机控制器对所有的输入信号进行处理,根据挡位传感器检测到转子位置信号,经处理后得到电机实际转速信号;根据挡位、加速、制动踏板等信号,处理后得到电机的需求转速,并通过矢量控制,得到脉冲宽度调制(Pulse Width Modulation,PWM)发生器的输入信号,通过驱动电路产生控制逆变器功率元件(IGBT)导通和断开的控制信号,输入给逆变器,从而控制车辆的起动、加速、制动等行驶状态;同时,MCU 将系统运行状态通过 CAN 网络进行信息共享发送,从而实现车辆行驶状态的反馈。

驱动电机控制器对驱动电机的控制分为驱动控制、速度控制、方向控制和制动控制。

(1)驱动控制:MCU 内部的逆变器将动力蓄电池提供的两相直流电逆变为电压、频率可调的三相交流电,供给驱动电机并驱动汽车运行。

(2)速度控制:采用 PWM 控制改变逆变器输出的三相交流电的电压和频率就可以改变电机的转速转矩,从而对汽车进行调速。

(3)方向控制:通过改变逆变器中 IGBT 的导通顺序就可以改变输出三相交流电的相序,实现电机反转,从而改变汽车的运行方向。

(4)制动控制:驱动电机作为发电机运行将动能变为电能产生三相交流电,经逆变器变为直流电反馈回动力蓄电池,进行再生制动。

二、故障原因分析

新能源汽车无法行驶故障,可以分为机械系统故障和电气系统故障。机械系统故障包括减速机故障、悬架故障、半轴故障等;电气系统故障主要分为低压控制系统故障和高压回路系统故障,低压控制系统和高压回路系统正常与否都直接影响车辆高压系统是否上电,因此,对车辆无法行驶故障的可能原因分析,可以从高压上电后的车辆无法行驶和高压不上电导致的车辆无法行驶两个方面着手。高压已上电但仍无法行驶的可能情况主要有 VCU 故障、挡位传感器故障、驱动电机系统故障。

三、故障诊断流程

车辆无法行驶故障诊断流程如图 3-17 所示。

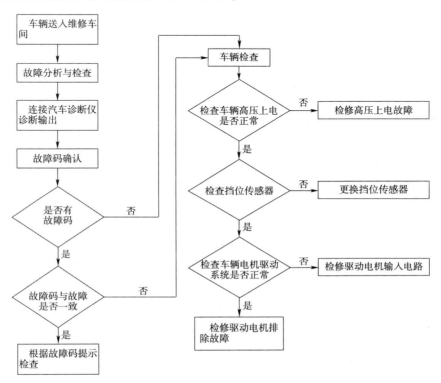

图 3-17 车辆无法行驶故障诊断流程

四、任务实施

(一) 实施要求

完成车辆无法行驶故障诊断与检修。

(二) 实施准备

(1) 防护装备。
(2) 实训车辆、台架。
(3) 工具。
(4) 辅助材料。

(三)实施步骤

1. 维修前准备

(1)穿戴防护用品。

(2)铺绝缘垫。

(3)安装座椅套、地板垫、变速器操纵杆套、转向盘套。

(4)铺装翼子板布、前格栅布,安放三角木。

(5)准备拆装工具、检查及检测仪表。

2. 车辆故障检查诊断与排除

(1)连接诊断仪。

(2)起动车辆,打开诊断仪,选择车型进行诊断。

(3)读取数据,显示故障码:P1BBF00——前驱动电机旋变故障(信号丢失)。

(4)断开蓄电池负极,拔下维修开关,静置5min以上。

(5)检查驱动电机电路。

①查阅维修手册电路图,参照图3-18,用万用表测量B30的1号、2号、3号、4号、5号、6号端子与B28(A)60号、63号、61号、59号、64号端子连接线电阻,检查是否连接正常。

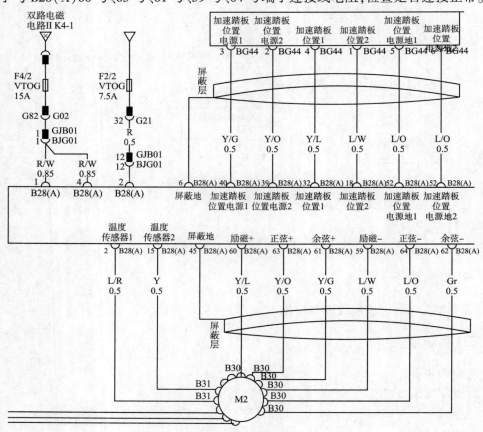

图3-18 驱动电机电路图

②用万用表测量驱动电机励磁线圈 B30 端子插脚 1 号、4 号电阻,正常约 50Ω,如是则励磁线圈正常。

③用万用表测量驱动电机正弦信号线圈 B30 端子插脚 2 号、5 号电阻,结果为无穷大,说明正弦从线圈异常。

④用万用表测量驱动电机余弦信号线圈 B30 端子插脚 3 号、6 号电阻约 50Ω,说明余弦从线圈正常。

(6)检修驱动电机正弦信号线圈断路故障,故障排除,车辆正常行驶。

五、任务工单

任务实训工作记录单

任务名称					
组长姓名		班级		同组同学	
教师姓名		地点		日期	
实训目标					
设备及工具					
组员分工					
实训过程内容与流程记录					
实训步骤					
实训任务回顾与总结					
任务收获与结果					
建议和改进措施					

习题

一、判断题

1. 新能源汽车由动力蓄电池供电,驱动电机常用直流电机。　　　　　　(　　)
2. 新能源汽车动力蓄电池向车载充电机供电。　　　　　　　　　　　　(　　)
3. DC/DC 变换器负责把直流充电电流转换为动力蓄电池充电。　　　　(　　)
4. 比亚迪 e5 主控制器负责与加速踏板位置传感器通信。　　　　　　　(　　)
5. 驱动电机故障有可能引起车辆限功率行驶。　　　　　　　　　　　　(　　)
6. 车辆制动位置传感器损不会影响车辆提速。　　　　　　　　　　　　(　　)
7. 新能源汽车无法行驶说明驱动电机有可能损坏。　　　　　　　　　　(　　)
8. 驱动电机系统可以把交流转化为直流。　　　　　　　　　　　　　　(　　)

9. 驱动电机正弦线圈驱动电机转子旋转。 (　　)

二、简答题

1. 简述新能源汽车高压行驶系统控制原理。

2. 简述新能源汽车车辆限功率行驶故障原因。

3. 简述新能源汽车车辆无法行驶故障诊断流程。

项目四
充电系统结构原理与故障诊断

知识目标

（1）掌握新能源汽车交直流充电工作系统控制原理。
（2）掌握新能源汽车车辆交流充电故障诊断与排除方法。
（3）掌握新能源汽车车辆直流充电故障诊断与排除方法。

技能目标

（1）能够进行新能源汽车交直流充电操作。
（2）能够进行新能源汽车交流充电系统拆装、更换与电路检测、检修。
（3）能够进行新能源汽车直流充电系统拆装、更换与电路检测、检修。

素养目标

（1）遵守课堂纪律，具有良好的职业道德和工匠精神。
（2）积极完成学习任务，具备团队合作精神。
（3）严格遵守实训室 6S 管理。

任务1　交直流充电工作原理认知

任务描述

小李在某新能源汽车 4S 店做技术服务，某用户对纯电动汽车的交直流充电系统比较关注，请你向用户介绍新能源汽车交直流充电系统的工作原理及日常充电的正确操作。

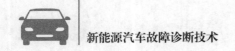

一、知识准备

1. 新能源汽车充电技术概述

随着人们环保意识的增强和国家对碳排放的限制不断加强,汽车行业正逐渐向着新能源方向发展,新能源汽车成为未来行业的发展趋势。作为新能源汽车的核心支撑,新能源汽车充电技术是新能源汽车真正实现商业化、推动行业进步的关键所在。

新能源汽车,特别是纯电动汽车的充电技术,最关键的问题是如何能实现高效率的快速充电。这关系到充电器的容量和性能、电网的承载能力和动力蓄电池的承受能力等。随着动力蓄电池本身充放电速度的不断提高,充电系统的性能也在不断地改进,以满足在多种不同应用情况下的快速充电需求。由于电力的储运和使用比汽油方便得多,充电设备的建造也呈现出多样性和灵活性,既可以为集中式的充电站,也可以设置在道路边、停车场、购物中心等任何方便停车的地方。除了固定充电装置以外,纯电动汽车还带有车载充电器,驾驶人可以在夜间利用家里的市电插座进行充电,甚至还可以在用电高峰期把电力逆变后返送回电网。根据不同的汽车动力蓄电池电压和容量、充电速度要求,以及电网供电容量等因素的考量,固定充电器的容量一般在15~100kW之间,输出电压一般为50~500V,车载充电器容量则在3kW左右。

由于快速充电系统需要强大的瞬时功率,所以在快速充电设施中,电网的承载能力是一个关键的制约因素。如果想要把充电速度进一步提高,从普通电网直接供电基本上不可能。为了解决这个矛盾,技术人员正着手研发新一代带有储能缓冲环节的超快速充电系统。这项技术目前还处于早期发展阶段,但已经有示范系统展示。汽车在行驶中充电叫作在线充电,这也是技术人员将要研究和开发的技术之一。这种技术一旦实施,车载蓄电池容量将可以降低。随着电动汽车市场的迅速发展,这些技术一定会得到广泛的应用并产生巨大的经济效益。

世界各国都在研究电动汽车的快速充电技术。欧洲已研发出充电10min可行驶100km的快速充电系统。美国也已经研发出充电6min可以行驶100km的超快速充电系统。这些系统都采用国际通用的快速充电标准接口,输入电源可以用交流电,也可以用直流电。

无线充电技术是一种比较新的充电方式,主要通过感应和共振原理,将电能无线传输到电动汽车蓄电池中进行充电。沃尔沃在2022年3月就发出过声明,表示其公司正与多家合作伙伴共同研发一种新型无线充电技术,并将在城市道路进行集成和测试。无线充电技术的优点是方便快捷,不需要插拔充电插头,但目前还存在一些技术难点和安全风险,需要进一步研究和完善。近日,专门从事电动汽车无线充电解决方案的以色列公司Electron达成了一项协议,将与日本丰田汽车公司(Toyota Motor)和电装公司(DENSO)共同开发一种先进的无线充电技术,并将无线技术集成到向市场发布的新车中。该合作旨在形成无线电动汽车充电的标准化,并推动在日本、美国或欧盟的联合试点项目,包括商业业务证明。这项技术可能有助于更均匀地分配电力需求,减少电网负荷,并使可再生电力更容易纳入电网。

目前,快速充电站需要大量的设备投资和基础设施建设,制约了其发展速度。同时,随着技术的进步,快速充电设备的成本将逐渐降低,设施建设也将更加广泛。这将使得快速充电成为主流,缩短用户充电时间,提高用户的充电效率和使用体验。

在充电设施建设方面,公共和家庭充电桩的数量将逐渐增加。政府和企业将加大对充电设备的投资和建设,以满足新能源汽车的充电需求。例如,一些大型车企已经与充电设备制造商合作,共同推动充电桩的建设。此外,一些新技术(如太阳能充电、动态感应充电等)也有望应用于充电设施的建设,提高充电设备的可持续性和环保性。

为了推动新能源汽车充电技术的发展,持续的创新和合作是必不可少的。首先,政府应加大对新能源汽车充电技术的支持力度,提供政策和资金支持,推动充电设备的建设。其次,汽车制造商应加强合作,共同推动充电技术的研发和应用。同时,研究机构和高校也应加强产学研合作,共同解决充电技术的难题,推动充电技术的创新。总而言之,新能源汽车充电技术的现状面临着一些挑战,但也伴随着创新机遇。未来,随着技术的发展和合作的加强,新能源汽车充电技术将不断改善和创新,实现智能化、高效化和便捷化。政府、企业和研究机构应共同努力,加大投入和合作,推动新能源汽车充电技术的发展,为环保和可持续的交通出行作出贡献。

总的来说,新能源汽车的充电技术正朝着更加智能化、高效化、便捷化的方向发展。相信未来,新能源汽车的充电技术将会变得更加成熟与完善,为人们出行带来更加便利的体验。而对于我们个人来说,无论是从环保、经济、还是舒适出发,选择新能源汽车都是一种理性、可持续的生活方式。

未来,新能源汽车充电技术将朝着更加智能化、高效化和便捷化的方向发展。一方面,智能化的充电设备将成为主流。目前,一些新能源汽车已经具备了远程控制、定时充电和智能导航等功能。随着技术的进一步发展,智能化的充电设备将变得更加普及,用户可以通过手机应用程序(App)实时监控充电状态、查看充电桩的空闲情况,并享受更便捷的充电服务。

2. 新能源汽车交直流充电系统

1)充电系统的组成

充电系统的组成如图4-1所示。

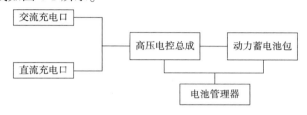

图4-1 充电系统的组成

2)慢充(交流充电)

当车辆处于交流充电模式下,车载充电机检测交流充电接口的CC(充电枪插入)信号、CP(导通)信号并唤醒BMS,BMS唤醒车载充电机并发送指令充电,同时闭合主继电器,动力蓄电池开始充电。预估 13～14h 可充满。

图 4-2　比亚迪秦 EV 交直流充电口

3）快充（直流充电）

当直流充电设备接口连接到整车直流充电口时，直流充电设备发送充电唤醒信号给 BMS，BMS 根据动力蓄电池的可充电功率，向直流充电设备发送充电电流指令。同时，BMS 吸合系统高压正极继电器和高压负极继电器，动力蓄电池开始充电。充电时间在 1h 左右。

图 4-2 所示为比亚迪秦 EV 交直流充电口。

4）充电锁功能

为防止车辆充电过程中充电枪丢失，车辆具有充电枪锁功能。充电枪插入充电接口后，只要驾驶人按下智能钥匙闭锁按钮，充电枪防盗功能将开启；BCM 收到智能钥匙的闭锁信号后通过 CAN 总线将该信号传递到车载充电机，车载充电机将控制充电枪锁止电机锁止充电枪，此时充电枪无法拔出。如要拔出充电枪，需先按下智能钥匙解锁按钮，解锁充电枪。

5）低压充电

高压上电前，低压电路系统由 12V 铅酸蓄电池供电，当高压上电后，DC/DC 变换器将动力蓄电池的高压直流电转换成低压直流电为 12V 铅酸蓄电池充电。

6）智能充电

长期停放的车辆容易造成低压蓄电池馈电，低压蓄电池严重馈电将会导致车辆无法起动上电。为避免这一问题，多数新能源汽车具有智能充电功能。车辆停放过程中，VCU 将持续对动力蓄电池电压监控，当电压低于设定值时，VCU 将唤醒 BMS，同时 VCU 也将控制电机控制器通过 DC/DC 变换器对低压蓄电池进行充电，防止低压蓄电池馈电。

7）制动能量回收

能量回收系统是在车辆滑行或制动过程中，驱动电机从驱动状态转变成发电状态，将车辆的动能转换为电能储存在动力蓄电池中。车辆在滑行或制动时，VCU 根据当前动力蓄电池状态和制动踏板位置信号，计算能量回收转矩并发送指令给电机控制器，启动能量回收。制动能量回收传递路线与能量消耗相反，制动能量回收过程中电机消耗车轮旋转的动能发出交流电再输出给电机控制器，电机控制器将交流电转换成直流电给动力蓄电池充电。

二、任务实施

（一）实施要求

本操作任务主要完成纯电动汽车充电系统充电操作。

（1）认识了解快慢充设备，车辆充电接口。

（2）正确掌握快慢充操作。

（二）实施准备

（1）防护装备：常规实训装备。
（2）实训车辆：比亚迪秦 EV，或其他纯电动汽车。

直流充电桩的使用　交流充电桩的使用

（三）实施步骤

以比亚迪秦 EV 为例，介绍纯电动汽车充电系统充电操作，其他车型可参照车主手册。
交直流充电可选择以下形式：
（1）公共充电桩。
（2）壁挂式充电盒（仅限交流充电）。
（3）便携式充电枪连接器（仅限交流充电）。
与车辆（充电口）连接，进行充电。操作如下：
（1）解锁充电口舱门开关，打开充电口舱门。图 4-3 所示为比亚迪秦 EV 充电口舱门开关。
（2）将充电枪与车辆连接（图 4-4），仪表上的充电连接指示灯点亮。

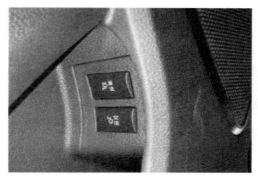　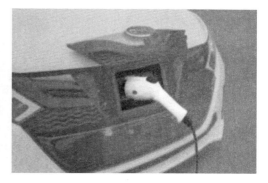

图 4-3　比亚迪秦 EV 充电口舱门开关　　图 4-4　比亚迪秦 EV 充电枪连接

（3）完成充电柜设置（如刷卡）启动充电。
（4）充电过程：交流充电功率一般是 3.5kW、7kW，充电灯亮至充满电时长为 8～12h；直流充电功率一般是 40～60kW，充电灯亮至充满电时长在 1h 左右。
（5）停止充电：充电柜会自动结束充电或自行结束充电。
（6）结束充电，按车辆解锁开关解锁充电口锁扣，断开车辆端充电连接器，按下开关，拔出车辆插头。
（7）关闭充电口盖和充电口舱门，充电结束。
图 4-5 所示为比亚迪秦 EV 充电口盖和充电口舱门。

图 4-5　比亚迪秦 EV 纯电动汽车充电口盖和充电口舱门

三、任务工单

任务实训工作记录单

任务名称					
组长姓名		班级		同组同学	
教师姓名		地点		日期	
实训目标					
设备及工具					
组员分工					
实训过程内容与流程记录					
实训步骤					
实训任务回顾与总结					
任务收获与结果					
建议和改进措施					

任务2　交流充电故障诊断与排除

任务描述

一辆比亚迪秦 EV 纯电动汽车发生交流充电系统充电故障无法交流充电，请你完成该车的诊断与检修任务。

故障现象

一辆比亚迪秦 EV 纯电动汽车连接充电枪，仪表上充电连接指示灯不亮，始终提示"充电连接中"。

一、知识准备

新能源汽车交流充电主要是通过交流充电桩、壁挂式充电盒以及家用供电插座接入交流充电口，通过高压电控总成将交流电转为直流高压电给动力蓄电池充电。

高压电控总成集成双向交流逆变式电机控制器模块、车载充电器模块、DC/DC 变换器模块和高压配电模块、漏电传感器。

1. 交流充电桩

图4-6所示为交流电动汽车充电桩,也称"慢充桩",固定安装在电动汽车外,与交流电网连接,为电动汽车车载充电机(即固定安装在电动汽车上的充电机)提供交流电源。交流充电桩只提供电力输出,没有充电功能,需连接车载充电机为电动汽车充电,相当于只是起了一个充电电源的作用。

2. 车载充电机

车载充电机如图4-7所示。车载充电机是充电系统的重要组成部件,可将220V交流电转化为动力蓄电池的直流电,实现动力蓄电池电量的补给。

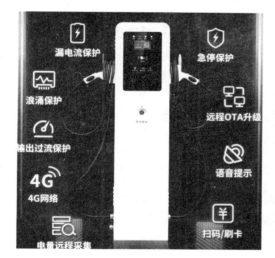

图4-6　交流充电桩　　　　　图4-7　车载充电机

动力蓄电池在放电终止后,应立即充电(在特殊情况下也不应超过24h)。交流充电电流较低,由充电电源提供8~32A电流充电。一般充电时间为8h10min~14h。

3. 慢充模式的适用情况

(1)用户对电动汽车的行驶里程要求相对较低,车辆行驶里程能满足用户1天的使用需要,利用晚间停运时间可以完成充电。

(2)由于慢充充电电流和充电功率比较小,因此,在居民区、停车场和公共充电站都可以进行充电。

(3)规模较大的集中充电站,能够同时为多辆电动汽车提供停车场地并进行充电。

4. 慢充电模式的优点

(1)尽管充电时间较长,但因为所用功率和电流的额定值并不是关键问题,因此,充电器价格和安装成本比较低。

(2)可充分利用电力低谷时段进行充电,降低充电成本。

目前,我国发电量和装机容量均已居世界第二位,电力装机容量达到8亿kW以上,电网的高峰负荷增长很快,峰谷差逐年拉大,造成发电资源的很大闲置。电动汽车依靠充电桩在夜间低谷充电(如北京电网峰谷差达40%),有利于提高电网运行质量,减少电网为平衡峰谷差投入的费用,可以说基本上不增加电网的负荷。

(3)可提高充电效率和延长电池的使用寿命。

与快速充电相反,常规充电的充电电流小,有利于提高充电效率和延长电池的使用寿命。

慢充电模式的主要缺点为充电时间过长,难以满足车辆紧急运行的需求。此外,我国城市的建筑密度也无法满足电动汽车对充电桩的需求,我国城市的建筑结构以高楼为主,地面停车场数量有限,这样会造成部分车充不上电。这种充电模式通常适用个人家用。

5.交流充电关键技术

(1)各种恶劣环境的适应性技术:高低温、高热、高湿、风沙、凝露、雨水、露天/市内使用等。

(2)充电安全防护技术:漏电、短路、误插拔防护、断线防护、倾倒防护、防误操作等。

(3)充电桩高互换性技术:物理接口、电气接口、通信协议等,实现充电桩和电动汽车充电的兼容互换。

(4)灵活的计量计费技术:与各种不同运营模式结合。

(5)友好方便的人机交互技术:适应不同层次、不同水平的操作者。

(6)充电桩的运行管理与综合监控。

(7)有序充电及与电网的互动技术。

6.慢充模式充电系统组成和原理

(1)在慢充模式下,充电系统主要由供电设备(充电桩)、慢充接口、车载充电机、高压控制盒、动力蓄电池、整车控制器(VCU)、高压线束和低压控制线束等组成。

(2)慢充系统工作原理。

当车辆处于交流充电模式下,车载充电机检测交流充电接口的充电枪插入(CC)信号、导通(CP)信号并唤醒BMS,BMS唤醒车载充电机并发送指令充电,同时闭合主继电器,动力蓄电池开始充电。慢充系统工作原理如图4-8所示。

图4-8 慢充系统工作原理

(3)慢充系统交流充电口总成。

将家用220V插座和交流充电柜接入交流充电口,通过车载充电设备将高压交流电转为高压直流电给动力蓄电池充电。慢充系统交流充电口总成如图4-9所示。

7.充电控制流程

充电控制过程如下:

(1)交流供电。

(2)充电唤醒。

(3) BMS 检测充电需求。
(4) BMS 给车载充电机发送工作指令并闭合继电器。
(5) 车载充电机开始工作,进行充电。
(6) 蓄电池检测充电完成后,给车载充电机发送停止指令。
(7) 车载充电机停止工作。
(8) 动力蓄电池断开继电器。

L: A相	PE: 地线
NC1: B相	CC: 充电连接确认
NC2: C相	CP: 充电控制
N: 中性线	—

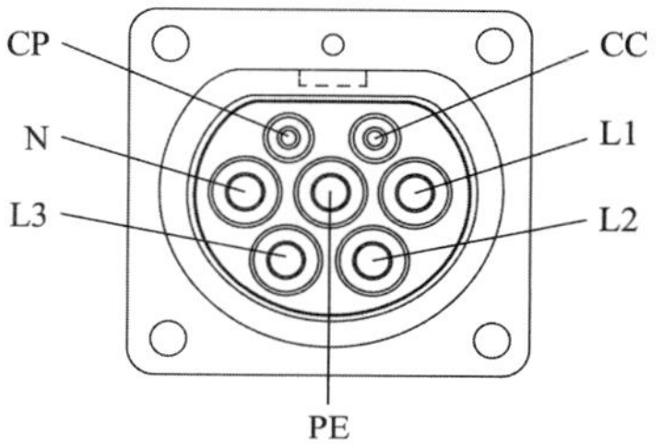

CC与PE阻值	
3转7	680Ω/1500Ω
3.3kW充电盒	680Ω
7kW充电盒	220Ω
40kW充电盒	100Ω
VTOL	2 kΩ
VTOV	220Ω

图 4-9 慢充系统交流充电口总成

8. 充电条件要求

(1) 充电线连接确认信号正常。
(2) 充电机供电电源正常(含 220V 和 12V)及充电机工作正常。
(3) 充电唤醒信号输出正常(12V)。
(4) 充电机、VCU、BMS 之间通信正常(主继电器闭合、发送电流强度需求)。
(5) 动力蓄电池电芯温度在 0~45℃ 之间。
(6) 单体蓄电池最高电压与最低电压差 <0.3V(300mV)。
(7) 单体蓄电池最高温度与最低温度差 <15℃。
(8) 绝缘性能 >20MΩ。
(9) 实际单体最高电压不大于额定单体电压 0.4V。
(10) 高、低压电路连接正常(远程控制开关关闭状态)。

9. 充电操作及注意事项

新能源汽车的逐步普及已是不争的事实,然而目前充电和行程问题成为普及推广的主要瓶颈。新能源汽车车主在给电动汽车选择充电电源时需要注意以下事项。

目前,国家电网正在初步规划充电站,由于工程量大、投入成本高周期长,加上充电时间长、车位少、充电站覆盖点少等缺陷,导致电动汽车车主苦于无法方便地对自己的爱车进行充电。因此,有的车主就会在家里拉出线缆,私自改造充电接口,对电动汽车进行充电,这种充电方式存在安全隐患。

由于技术和工艺的限制,目前新能源汽车车载充电器功率都比较小,一般在 3kW 左右,采用 220V 家用电的电流大概为 16A,而一般情况下入户电流容量最大不超过 16A,因此,家用电缆有可能会因过载工作而引起火灾。

国家在电动汽车充电方面有相关标准，建议车主使用充电桩进行充电，因为充电桩能根据供电电源的容量自动限制车载充电器的充电功率，并能在出现故障后安全、可靠地切断电源，避免火灾等事故发生。相关标准不建议在没有充电桩的情况下进行充电，更禁止在没有充电桩的情况下采用三相工业用电进行充电。目前，电动汽车充电市场并未完善，充电手段参差不齐，直接将充电枪插到家用电上充电的现象也并不少见。

电动汽车车主需要注意的是，如不按照国家标准或不按照规定的方式进行充电，那么，出事故后车主是不能得到国家相关标准的保护的。目前购买电动汽车厂家都标配充电枪及上门安装充电桩，车主以后就可以在物业小区里申请安装充电桩对汽车进行充电。

慢充充电桩及其主要技术参数如图 4-10 所示。它可以采用停车位桩体式（落地安装）（250V/AC32A/16A）和家用车库挂壁式（250V/AC16A）充电桩，也可以采用家用插座交流充电器（240V/AC8A）。

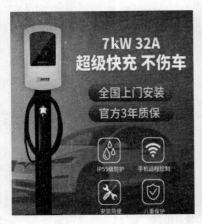

图 4-10　慢充充电桩及其主要技术参数

二、故障原因分析

电动汽车交流充电异常主要是由线路、电路故障引起，包括：
(1) 交流充电口故障；
(2) 高压电控总成故障；
(3) 动力蓄电池管理器故障；
(4) 线束故障。

三、故障诊断流程

电动汽车交流充电故障流程如图 4-11 所示。

项目四 充电系统结构原理与故障诊断

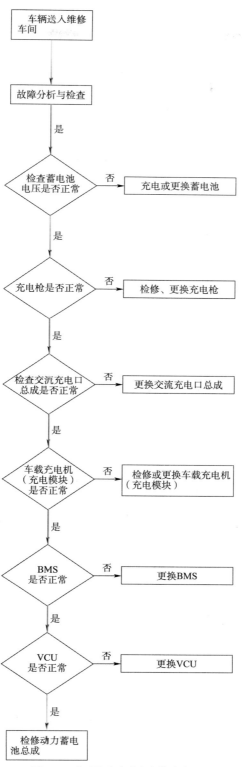

图 4-11 电动汽车交流充电故障流程

四、任务实施

(一) 实施要求

完成交流充电故障诊断与检修任务。

(二) 实施准备

(1) 防护装备。
(2) 实训车辆、台架。
(3) 工具。
(4) 辅助材料。

(三) 实施步骤

1. 维修前准备
(1) 穿戴防护用品。
(2) 铺绝缘垫。
(3) 安装座椅套、地板垫、变速器操纵杆套、转向盘套。
(4) 铺装翼子板布、前格栅布,安放三角木。
(5) 准备拆装工具、检查及检测仪表。

2. 车辆故障诊断排除
(1) 用万用表检测蓄电池电压,大于12V为正常。
(2) 检查充电枪:
①CC与PE间电阻约1500Ω。
②按下充电枪按钮CC与PE间电阻约3300Ω。
③充电枪接入交流电,万用表测量CP与PE间直流电压为12V,充电枪检测正常。
(3) 连接充电枪。
(4) 连接诊断仪。
(5) 打开诊断仪,选择车型进行诊断。
(6) 读取数据,CP占空比为0,充电S2开关吸合标志为断开,发送CP标志位为不发送,确定充电系统故障。
(7) 断开蓄电池负极,拔下维修开关,静置5min以上。
(8) 检测充电控制电路。
①用万用表检测车辆充电口CC端子电压约5V,确定CC端正常。
②查阅维修手册电路图,参照图4-12,用万用表检测车辆充电口B53(B)1脚与B28(A)47脚电阻无穷大,确定CP线断路。
(9) 更换总成,车辆正常充电排除故障。

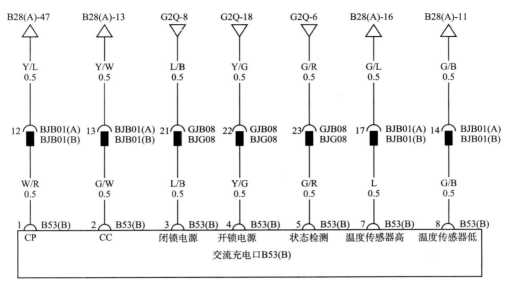

图 4-12　比亚迪秦 EV 交流充电口电路

五、任务工单

任务实训工作记录单

任务名称					
组长姓名		班级		同组同学	
教师姓名		地点		日期	
实训目标					
设备及工具					
组员分工					
实训过程内容与流程记录					
实训步骤					
实训任务回顾与总结					
任务收获与结果					
建议和改进措施					

任务3　直流充电故障诊断与排除

📝 任务描述

一辆比亚迪秦 EV 发生直流充电系统异常故障(无法充电),请你完成该车的诊断与检修任务。

📝 故障现象

一辆比亚迪秦 EV 连接快充充电枪,仪表盘有插枪信号,无充电电流,无法正常充电。

一、知识准备

电动汽车直流充电系统,直流充电(快充)主要是通过充电站的充电桩将直流高压电直接通过直流充电口给动力蓄电池充电。

直流充电桩固定安装在电动汽车外,与交流电网连接,可以为非车载电动汽车动力蓄电池提供直流电源的供电装置。直流充电桩的输入电压采用三相四线 AC 380V±15%,频率为 50Hz,输出为可调直流电,直接为电动汽车的动力蓄电池充电。

1. 快速充电

快速充电又称直流快充或应急充电,是以较大直流电流在电动汽车停车的 20~120min 的短时间内,为其提供充电服务,一般充电电流为 150~400A。快速充电模式的优点是充电时间短。但是,相对常规充电模式,快速充电也存在一定的缺点:

(1)"快充"实际并不快,而且降低动力蓄电池使用寿命。

受电池技术影响,目前电动汽车使用最多的就是锂电池。锂元素是比钠还要活跃的金属元素之一,快充易使锂元素太过活跃,从而使电池中的电解液发生沉淀,产生气泡现象,也就是平常人们所看到的电池身上易凸起"小包",摸上去有手感发热等情况,严重的会导致电池爆炸等安全事故。因此,充电电流不宜过大。目前,市面上各大厂商都在宣传其电动汽车快速充电时间在 10min 左右,实际上以目前技术来看都不现实。以比亚迪 e5 为例,这款电动汽车采用磷酸铁锂电池,其快速安全充电模式的充电时间仍然为 2h。

电动汽车充电快慢与充电器功率、电池充电特性和温度等紧密相关。当前电池技术水平下,即使快充也需要 30min 才能充电到电池容量的 80%,超过电池容量的 80% 后,为保护电池安全,充电电流必须变小,电量达到 100% 的时间将较长。此外,在冬天气温较低时,电池要求充电电流变小,充电时间会变得更长些。传统加油站汽车加油整个流程为 5~8min,充电站如果无法提供 15min 以内的快充服务,基本就失去了社会基础建设的功能性。

(2)充电站成本较高。

目前,直流充电方式的充电价格在 1 元/(kW·h)左右。以一个充电站 1000kW 的容量计算,加上送变电设施、铺设专用电缆以及新建监控系统等(不包括建设用地成本),一个充电站的成本在300万～500万元之间。这样的高成本,在电动汽车还没完全普及的情况下,是难以维持运营的。

2. 直流充电关键技术

(1)高性能直流充电器技术:效率、谐波、使用寿命。

(2)直流充电环境适应性技术:宽的温度范围、户外使用时凝露、风沙防护等。

(3)安全防护技术:漏电、短路防护、误插拔防护、断线防护、倾倒防护、防误操作、防止带电插拔等。

(4)充电器的高互换性技术:物理接口、电气接口、通信协议的高度兼容互换。

(5)直流充电与电网的接口、有序充电以及与电网的互动技术。

3. 快充模式充电系统组成和原理

(1)组成。

在快充模式下,充电系统主要由充电桩(直流快充桩)、快充接口、高压控制盒、动力蓄电池、整车控制器、高压线束和低压控制线束等组成。

(2)快充系统原理。

当直流充电设备接口连接到整车直流充电口,直流充电设备发送充电唤醒信号给BMS,BMS根据动力蓄电池的可充电功率,向直流充电设备发送充电电流指令。同时,BMS吸合系统高压正极继电器和高压负极继电器,动力蓄电池开始充电。

4. 比亚迪秦EV直流充电口总成

比亚迪秦EV直流充电口总成如图4-13所示。

直流充电口总成:通过直流充电柜将高压直流电通过直流充电口给动力蓄电池充电。

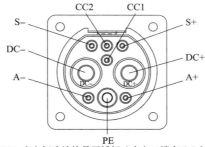

CC1: 充电柜确认枪是否插好（充电口端有1kΩ电阻）
CC2: 电动汽车确认枪是否插好（充电枪端有1kΩ电阻）

图4-13　比亚迪秦EV直流充电口总成

A−-低压辅助电源负；A+-低压辅助电源正；CC1-车身地（1000＋30）Ω；CC2-直流充电感应信号；S−-CAN-Low；S+-CAN-High

5. 充电条件要求

(1)充电线连接确认信号正常。

(2)BMS供电电源正常(12V)。

(3)充电唤醒信号输出正常(12V)。

(4)充电桩、VCU、BMS之间通信正常(主继电器闭合、发送电流强度需求)。

(5)动力蓄电池电芯温度＞5℃／＜45℃。

(6)单体蓄电池最高电压与最低电压差＜0.3V(300mV)。

(7) 单体蓄电池最高温度与最低温度差 <15℃。
(8) 绝缘性能 >20MΩ。
(9) 实际单体最高电压不大于额定单体电压 0.4V。
(10) 高、低压电路连接正常(远程开关关闭状态)。

二、故障原因分析

新能源汽车直流充电异常主要是由线路、电路故障引起。

三、故障诊断流程

直流充电故障诊断流程如图 4-14 所示。

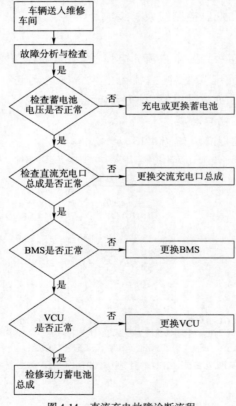

图 4-14　直流充电故障诊断流程

四、任务实施

(一) 实施要求

完成直流充电故障诊断与检修任务。

(二)实施准备

(1)防护装备。
(2)实训车辆、台架。
(3)工具。
(4)辅助材料。

(三)实施步骤

1. 维修前准备

(1)穿戴防护用品。
(2)铺绝缘垫。
(3)安装座椅套、地板垫、变速器操纵杆套、转向盘套。
(4)铺装翼子板布、前格栅布,安放三角木。
(5)准备拆装工具、检查及检测仪表。

2. 车辆故障诊断排除

(1)用万用表测量蓄电池电压,电压大于12V,则正常。
(2)检查充电枪是否正常。
(3)用万用表检测充电口:
①测量 CC1 电压,为 7.4V 则正常;
②测量 S+ 电压,为 2.2V 则正常;
③测量 S- 电压,为 2.2V 则正常;
④测量 CC1 电阻,为 995Ω 则正常。
(4)查阅车辆维修手册中直流充电口电路(图4-15),检测 k3-1 继电器是否正常工作。
(5)若继电器未正常工作,更换继电器。
(6)车辆正常充电,故障排除。

五、任务工单

任务实训工作记录单

任务名称					
组长姓名		班级		同组同学	
教师姓名		地点		日期	
实训目标					
设备及工具					
组员分工					

续上表

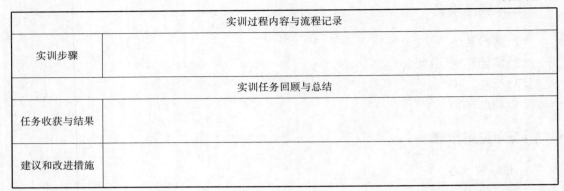

实训过程内容与流程记录	
实训步骤	
实训任务回顾与总结	
任务收获与结果	
建议和改进措施	

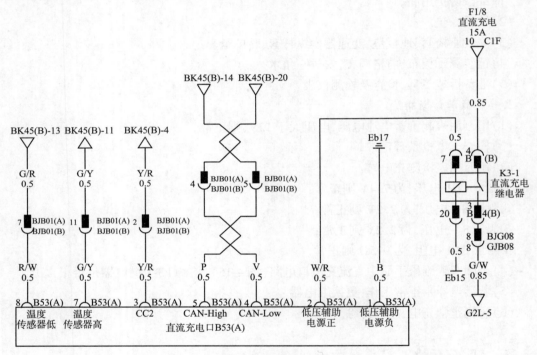

图 4-15　比亚迪秦 EV 纯电动汽车直流充电口电路

习题

一、判断题

1. 交流充电桩将交流转化为直流为车辆充电。　　　　　　　　　　　　（　　）
2. 经常使用慢充会延长动力蓄电池的使用寿命。　　　　　　　　　　　（　　）
3. 慢充电流一般是 36A。　　　　　　　　　　　　　　　　　　　　　（　　）
4. 充电唤醒信号是 12V。　　　　　　　　　　　　　　　　　　　　　（　　）
5. 交流充电桩通常使用三相交流电接入。　　　　　　　　　　　　　　（　　）
6. 慢充插枪 PE 线首先接触，L 和 N 线再接通。　　　　　　　　　　　（　　）

7. 快充口 CC1、CC2 都是连接确认线。　　　　　　　　　　　　　　(　　)
8. 快充口 S+、S- 是充电通信线。　　　　　　　　　　　　　　　(　　)
9. 快充通信是通过车载充电机完成的。　　　　　　　　　　　　　(　　)

二、选择题

1. 新能源汽车交流充电异常主要是由(　　)等故障引起。
   A. 交流充电口　　　B. 高压电控总成　　　C. 仪表　　　D. 驱动电机
2. 交流充电桩具有(　　)功能。
   A. 防漏电　　　　　B. 误插拔防护　　　　C. 充电通信　D. 整流
3. 在充电系统中,车载充电机与整车控制器信息交互是由(　　)完成的。
   A. BMS　　　　　　B. MCU　　　　　　　C. CAN 线　　D. 充电桩
4. 慢充系统主要包括(　　)。
   A. BMS　　　　　　B. 车载充电机　　　　C. CAN 线　　D. 充电桩
5. 快充系统主要包括(　　)。
   A. BMS　　　　　　B. 车载充电机　　　　C. CAN 线　　D. 充电桩

三、简答题

1. 简述新能源汽车交直流充电工作系统控制原理。

2. 简述新能源汽车车辆交流充电故障诊断与排除流程。

3. 简述新能源汽车车辆直流充电故障诊断与排除方法。

项目五
空调系统故障诊断

知识目标

(1) 掌握新能源汽车空调制冷、制热控制原理。
(2) 掌握新能源汽车空调制冷异常故障诊断与排除方法。
(3) 掌握新能源汽车空调制热异常故障诊断与排除方法。
(4) 掌握新能源汽车空调鼓风机不工作故障诊断与排除方法。

技能目标

(1) 能够进行新能源汽车空调制冷、制热操作与检查。
(2) 能够进行新能源汽车空调压缩机更换与检测。
(3) 能够进行新能源汽车 PTC 加热器更换与检测。
(4) 能够进行新能源汽车鼓风机更换与检测。

素养目标

(1) 遵守课堂纪律,具有良好的职业道德和工匠精神。
(2) 积极完成学习任务,具备团队合作精神。
(3) 严格遵守实训室 6S 管理。

任务1 空调制冷、制热控制原理与空调使用认知

任务描述

小李在某新能源汽车 4S 店做技术服务,某用户对纯电动汽车的空调系统比较关注,请你向用户介绍纯电动汽车空调系统的工作原理及正确操作。

一、知识准备

新能源汽车空调系统工作原理如图 5-1 所示。

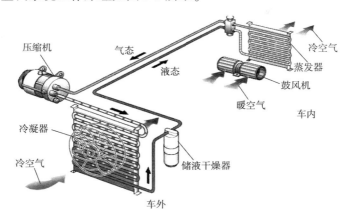

空调系统结构和工作原理

图 5-1　新能源汽车空调系统工作原理

(一) 车载空调工作原理

汽车空调制冷系统主要由压缩机、膨胀阀、冷凝器、蒸发器和鼓风机等组成,其间各个部件之间采用高压橡胶管和铝管连接成一个密闭的系统,在制冷系统工作时,制冷剂会以不同的状态在这个空间里循环流动,而这样的循环又分为了四个过程:

(1) 压缩过程:压缩机吸入蒸发器出口处的低温低压的制冷剂气体,把该气体压缩成高温高压的气体排出压缩机。

(2) 散热过程:高温高压的过热制冷剂气体进入冷凝器,由于压力及温度的降低,制冷剂气体冷凝成液体,并排出大量的热量。

(3) 节流过程:温度和压力较高的制冷剂液体通过膨胀装置后体积变大,压力和温度急剧下降,以雾状(细小液滴)排出膨胀装置。

(4) 吸热过程:雾状制冷剂液体进入蒸发器,因此时制冷剂沸点远低于蒸发器内温度,故制冷剂液体蒸发成气体。在蒸发过程中大量吸收周围的热量,后低温低压的制冷剂蒸气又进入压缩机。上述过程周而复始进行,达到降低蒸发器周围空气温度的目的。只要压缩机连续工作,制冷剂就在空调系统连续循环,产生制冷效果;压缩机停止工作,空调系统内制冷剂随之停止工作,不产生制冷效果。

(二) 冷空调控制原理

当空调制冷(A/C)开关启动后,启动信号经过空调控制器,空调控制器检测空调压力开关,当空调管路内达到一定压力时,压力开关吸合。总正接触器吸合后,高压传递给空调压缩机控制器。空调压缩机控制器把输入的两相直流电转换为三相直流电输送给电动空调压缩机,同时使能使压缩机工作。各部件之间采用铜管(或铝管)和高压橡胶管连接成一个密闭系统。制冷系统工作时,制冷剂不同的状态在这个密闭系统内循环流动。

(三)热空调控制原理

当暖风开关启动后,信号传递给空调控制器,同时检测热敏电阻,当 PTC 温度低于设定温度时,热敏电阻导通,空调控制器把信号传递给 PTC 接触器。分电盒内总正接触器、暖风接触器吸合后,工作电源传递给 PTC 加热器,当温度升高到设定温度时时温控开关断开,空调接触器不输出信号,暖风接触器断开,暖风关闭。

二、任务实施

(一)实施要求

本操作任务主要完成纯电动汽车暖风与空调系统面板的操作。
(1)空调制冷系统操作。
(2)暖风系统操作。

(二)实施准备

(1)防护装备:常规实训装备。
(2)实训车辆:比亚迪 e5 或其他纯电动汽车。

(三)实施步骤

以下以比亚迪 e5 纯电动汽车空调控制面板(图5-2)为例,详细说明各开关按钮的功能,其他车型可参照车主手册。

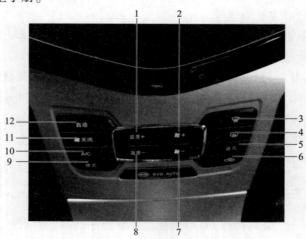

图 5-2　比亚迪 e5 纯电动汽车空调控制面板

1-"温度升"按键;2-"风量升"按键;3-"前除霜"按键;4-"后除霜"按键;5-"通风"按键;6-"内外循环"按键;7-"风量降"按键;8-"温度降"按键;9-"出风模式"按键;10-"压缩机启停"按键;11-"关闭"按键;12-"自动"按键

(1)"温度升"按键,有效操作"温度升(温度+)"按键和"温度降(温度-)"按键,可以调节车内设置温度。当前设定温度显示在多功能显示屏/CD机上(装有时)。

(2)"风量升"按键,有效操作"风量降( )"或"风量升( )"按键可以设置所需要的出风大小。当前设定风量挡位显示在多功能显示屏/CD机上(装有时)。

(3)"前除霜"按键,有效按下" "按键,按键指示灯点亮(黄色),空气流主要来自风窗玻璃通风口,同时打开除霜除雾功能,空调也被打开,压缩机自动控制,且压缩机的开启可加快除雾效果。再次按下,指示灯熄灭,送风模式返回到上一次使用的状态。

操作要领:

①要使在烈日下停放后的车辆迅速冷却下来,可打开车窗驾驶数分钟。这样可以排出热气,加快空调对车内的冷却。

②确保风窗玻璃前方的进气格栅没有堵塞(例如有树叶或积雪)。

③在潮湿的天气中使用,不要让冷气吹到风窗玻璃上。因为风窗玻璃内外侧的温差会引起风窗玻璃起雾。

④须保持前排座椅的下面空敞,以使车内的空气得到充分的循环。

⑤在寒冷的天气,须将风扇转速设定为高转速并持续1min来清除进气通道的积雪或湿气,这样可以减少车窗起雾。

⑥在多尘的道路上尾随其他车辆行驶时,或在有风和灰尘的情况下行驶时,要关闭所有的车窗。如果关闭车窗后,由车辆扬起的灰尘仍然进入车内,则建议将进气模式设置为内循环,并将风扇转速设置在"0"以外的任何位置。

(4)在出风模式下启用"后风窗除雾",按下" "按键,可使后风窗除雾器工作。

①后风窗玻璃的细电加热丝将使玻璃表面迅速清晰。除雾器工作时,指示灯将点亮。

②除雾器工作15min后,该系统将自动关闭。

(5)"通风"按键,有效操作" "按键,此时空调吹出的风为自然风,风量挡位默认1挡风、吹面模式、外循环,且此时空调温度不可调节。多功能显示屏/CD机上(装有时)显示当前设定温度、出风模式和风量挡位。

(6)"内外循环"按键,内循环:空调工作时,利用空调鼓风机将车内气流进行循环。

①外循环:空调工作时,利用空调鼓风机将车外气流吸入车内进行循环;

②有效操作内外循环按键" ",若按键指示灯点亮(绿色),此时为内循环。若按键指示灯熄灭,此时为外循环。

(7)"出风模式"按键,有效操作" "按键,可以选择不同的出风模式,选择的出风模式显示在多功能显示屏/CD机上(装有时)。如出风模式包括空气流主要吹向上半身、空气流主要吹向上半身和脚部、空气流主要吹向脚部、空气流主要吹向脚部和前风窗玻璃。

(8)"压缩机启停"按键,有效按下" "按键,空调开启。

"A/C"按键指示灯点亮(绿色),压缩机开启;多功能显示屏/CD机上(装有时)显示此时空调工作的风量挡位、出风模式和设定温度。再次按下" "按键," "按键指示灯熄灭,压缩机停止工作,出风挡位及出风模式保持不变。

(9)"关闭"按键,有效按下" "按键,任何空调模式下即可关闭空调系统。

新能源汽车故障诊断技术

（10）"自动"按键,有效按下"自动"按键,指示灯点亮（绿色）,空调进入全自动模式。多功能显示屏/CD机上（装有时）显示当前空调自动模式的风量挡位、出风模式及设定温度。

①在自动模式下,空调系统将根据设定温度来选择最合适的出风挡位、出风模式、PTC启停和压缩机启停。

②当将温度设定到下限（Low）或上限（High）时,系统只按照全冷气或全暖气模式运行。

③如果在自动模式下,按下任何手动控制按键（风量、模式、前除霜、A/C和通风等按键）,空调会退出全自动控制模式,同时"自动"按键指示灯熄灭。

三、任务工单

任务实训工作记录单

任务名称					
组长姓名		班级		同组同学	
教师姓名		地点		日期	
实训目标					
设备及工具					
组员分工					
实训过程内容与流程记录					
实训步骤					
实训任务回顾与总结					
任务收获与结果					
建议和改进措施					

任务2 空调制冷异常故障诊断与排除

任务描述

一辆比亚迪秦EV发生空调系统制冷异常故障,请你完成该车的诊断与检修任务。

项目五 空调系统故障诊断

📝 故障现象

一辆比亚迪秦 EV 启动空调制冷,无冷风,风力大小、风向可调。

一、知识准备

(一)新能源汽车空调制冷系统

一般新能源汽车空调制冷系统包括空调控制器、电动压缩机、冷凝器、储液干燥器、膨胀阀、蒸发器、传感器、连接管路等,图 5-3 是比亚迪秦 EV 汽车空调制冷系统及原理图。

制冷系统
制冷系统采用电动压缩机,额定功率2kW;
系统工作时,高压压力2.0~3.0MPa;
低压压力0.5~1MPa。

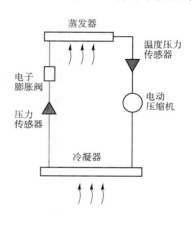

图 5-3 比亚迪秦 EV 汽车空调制冷系统及原理图

(1)空调控制器。空调控制器是整个空调系统(包括制冷、采暖)的总控中心,协调控制空调系统的工作,空调控制器在整车 CAN 网络上属于舒适网,与电动压缩机模块、PTC 模块组成一个空调子网。空调控制器接收空调面板开关、各种相关传感器、制冷剂压力开关信号,直接控制鼓风机及各风门电机动作,同时通过 CAN 信号,指令空调控制器驱动电动压缩机和 PTC 加热器,以及主控 ECU 控制风扇动作。

(2)电动压缩机。制冷系统采用电动压缩机,系统工作时在空调系统回路中起驱动制冷剂的作用,其将机械能转换为热能,基本功能是驱动和建立压力差。

(3)冷凝器。冷凝器是把来自压缩机的高温高压气体,通过管壁和翅片将其中的热量传递给冷凝器周围的空气,从而使高温高压的气体冷凝成高温高压的液体。

(4)蒸发器。蒸发器安装在供热通风与空气调节(Heating Ventilation and Air Conditioning,HVAC)总成中,是将经过节流降压后的液态气态混合物制冷剂,在蒸发期内沸腾,汽化吸收蒸发器表面周围的热量而降低温度,风机再将冷空气送入车厢,从而达到车内降温的目的。

(5)储液干燥器。储液干燥器就是在制冷系统中临时性地存储一下制冷剂。根据制冷负荷的需要,随时供给蒸发器,并对系统中的水分和杂质进行干燥和过滤。继存储制冷剂,过滤杂质,吸收湿气。

(6)膨胀阀。膨胀阀又称节流阀,它将从干燥瓶来的中温高压的液态制冷剂降压为容易蒸发的低温低压雾状制冷剂进入蒸发器,既分开了制冷剂的高压侧和低压侧,同时能自动调节进入蒸发器的流量,以满足智能机循环要求;也避免了液态制冷剂进入压缩机而造成液基现象;还控制了过热度,使过热度处在一定范围内。

(7)室外温度传感器。室外温度传感器又称蒸发器温度传感器,蒸发器温度传感器为二线负温度系数热敏电阻传感器,在-40~85℃的温度范围内工作。传感器安装在蒸发器外测量蒸发器的温度,如果温度降低至3℃,即将关闭压缩机,以防止蒸发器冻结。

(8)空调压力传感器。空调压力传感器是汽车制冷系统中最重要的传感器之一,主要用于监测空调管路中制冷剂压力,防止异常压力损坏压缩机,配合其他部件控制冷却风扇和压缩机的开启和关闭。空调压力传感器一般是安装在机舱内的空调高压管路上的,其采集的压力信号,主要是输出给发动机 ECU 或空调的控制单元,等到 ECU 收到正常信号以后,就会发出指令来控制压缩机和冷风扇的开启。如果它接收到压力异常信号,就会拒绝开启,以免损坏制冷系统。

(二)比亚迪秦 EV 汽车空调系统的组件位置

比亚迪秦 EV 汽车空调系统的组件位置如图 5-4 所示。

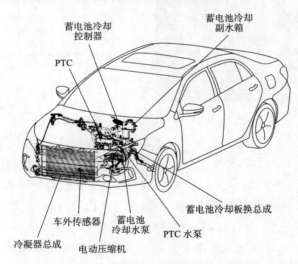

图 5-4 比亚迪秦 EV 汽车空调系统组件位置

二、故障原因分析

新能源汽车空调制冷异常主要是由空调制冷管路、电路故障引起,包括:
(1)制冷剂不足。
(2)压力传感器不能正常工作。
(3)电子膨胀阀不能正常工作。
(4)空调保险损坏。
(5)电动压缩机不能正常工作。

(6)线束或连接器接触不良。
(7)室内、室外温度传感器不能正常工作。
(8)空调控制器不能正常工作。
(9)管路损坏。

三、故障诊断流程

新能源汽车空调制冷异常故障诊断流程如图 5-5 所示。

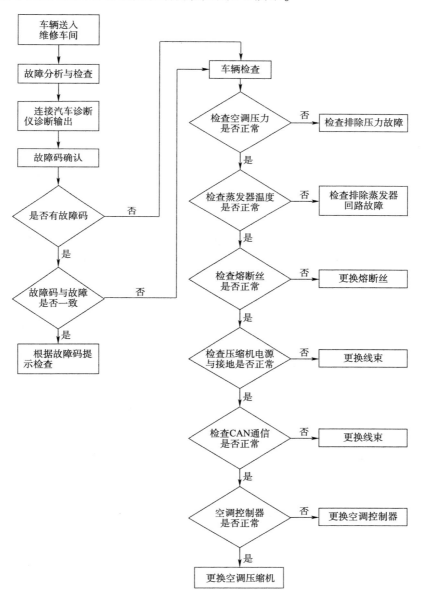

图 5-5　新能源汽车空调制冷异常故障诊断流程

四、任务实施

(一)实施要求

完成新能源汽车空调系统制冷异常故障诊断与检修任务。

(二)实施准备

(1)防护装备。
(2)实训车辆、台架。
(3)工具。
(4)辅助材料。

(三)实施步骤

1. 维修前准备
(1)穿戴防护用品。
(2)铺绝缘垫。
(3)安装座椅套、地板垫、变速器操纵杆套、转向盘套。
(4)铺装翼子板布、前格栅布,安放三角木。
(5)准备拆装工具、检查及检测仪表。

2. 车辆故障检查诊断与排除
(1)查看维修车辆空调管路、各管路的接头处和阀的连接处、压缩机油封、密封垫等处、冷凝器、蒸发器等表面无刮伤变形处、无破损、无裂纹或油渍,初步确认无渗漏。
(2)查看电气线路,仔细检查有关的线路连接无断路之处。
(3)检查空调制冷系统高压端,接通空调开关,使制冷压缩机工作10~20min后,用手触摸空调系统高压端管路及部件。依次用手感受从压缩机出口→冷凝器→干燥罐到膨胀阀进口处温度,看是否无变化。
(4)检查空调制冷系统低压端,接通空调开关,使制冷压缩机工作10~20min后,用手触摸空调系统低压端管路及部件。从蒸发器到压缩机进口处,手感温度无变化。
(5)检查空调压缩机出口端温度差,接通空调开关,使制冷压缩机工作10~20min后,用手触摸压缩机进出口两端,空调压缩机的高低压端无温度差。
(6)仔细听空调压缩机是否有异响、压缩机是否正常工作。
(7)查阅车辆维修手册,对照比亚迪秦EV压缩机电路(图5-6),用万用表检测熔断丝F4/1是否正常。
(8)用万用表检测BA17-1脚电源是否正常、BA17-2脚接地是否正常。
(9)更换电动压缩机,故障排除。

项目五　空调系统故障诊断

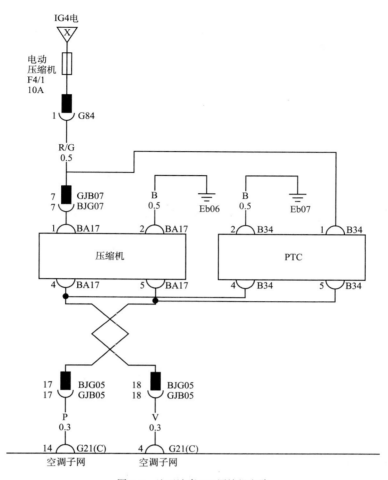

图 5-6　比亚迪秦 EV 压缩机电路

五、任务工单

任务实训工作记录单

任务名称					
组长姓名		班级		同组同学	
教师姓名		地点		日期	
实训目标					
设备及工具					
组员分工					
实训过程内容与流程记录					
实训步骤					

续上表

实训任务回顾与总结	
任务收获与结果	
建议和改进措施	

任务3　空调制热异常故障诊断与排除

任务描述

一辆比亚迪秦 EV 新能源汽车发生空调系统制热异常故障,请你完成该车的诊断与检修任务。

故障现象

一辆比亚迪秦 EV 启动空调制热,无热风,风力大小、风向可调。

一、知识准备

比亚迪秦 EV 新能源汽车空调系统为自动调节空调。空调系统主要由电动压缩机、冷凝器、HVAC 总成、制冷管路、PTC、暖风水管、风道、空调控制器等零部件组成,具有制冷、采暖、除霜除雾、通风换气等四种功能。该系统利用 PTC 水暖采暖,自动空调箱体的模式风门、冷暖混合风门和内外循环风门都是电机控制。

比亚迪秦 EV 新能源汽车供暖系统采用水暖式制热,采暖系统主要由空调采暖电动水泵、PTC 水加热器、蒸发器、鼓风机及一些串联采暖介质的胶管及通风管道组成。比亚迪秦 EV 新能源汽车采暖系统主要利用 PTC 水加热器加热空调采暖系统中的水,通过空调采暖电动水泵进行水循环,被加热的水流经暖风芯体后与穿过暖风芯体的气流进行换热,被加热后的气流通过鼓风机带入车内,冷却的水重新回到 PTC 里面进行加热。如此循环,完成空调制热。图 5-7 是比亚迪秦 EV 汽车空调制热系统及其原理图。

二、故障原因分析

新能源汽车空调制热异常主要是由 PTC 加热器及控制电路故障等引起,包括:
(1) PTC 保险损坏。
(2) PTC 加热器不能正常工作。

(3)线束或连接器接触不良。
(4)空调控制器不能正常工作。

供暖系统采用PTC水加热模块,额定功率6kW,PTC加热冷却液后供给暖风芯体,空调电子水泵安装在电动压缩机上端。

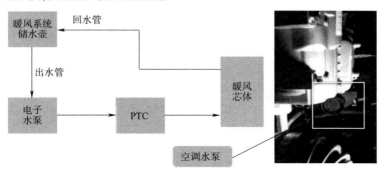

图 5-7 比亚迪秦 EV 汽车空调制热系统及其原理图

三、故障诊断流程

新能源汽车空调制热异常故障诊断流程如图 5-8 所示。

四、任务实施

(一)实施要求

完成空调系统制热异常故障诊断与检修任务。

(二)实施准备

(1)防护装备。
(2)实训车辆、台架。
(3)工具。
(4)辅助材料。

(三)实施步骤

1. 维修前准备

(1)穿戴防护用品。
(2)铺绝缘垫。
(3)安装座椅套、地板垫、变速器操纵杆套、转向盘套。
(4)铺装翼子板布、前格栅布,安放三角木。
(5)准备拆装工具、检查及检测仪表。

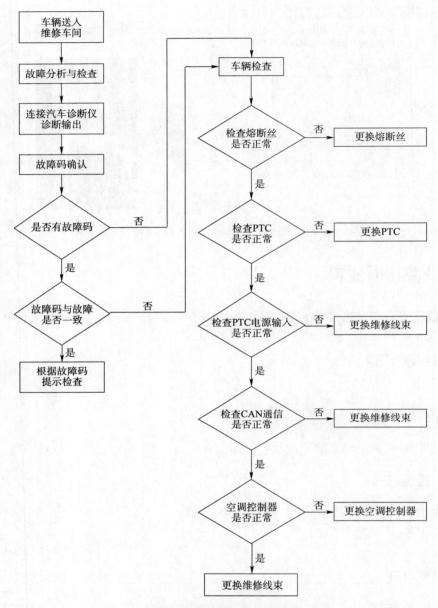

图5-8 新能源汽车空调制热异常故障诊断流程

2. 车辆故障检查诊断与排除

(1)起动车辆,高压上电正常。

(2)查阅车辆维修手册,对照比亚迪秦 EV PTC 电路(图5-9),用万用表检测熔断丝 F4/1 是否正常。

(3)用万用表检测 B34-1 脚电源是否正常、B34-2 脚接地是否正常。

(4)更换 PTC,制热正常故障解决。

项目五 空调系统故障诊断

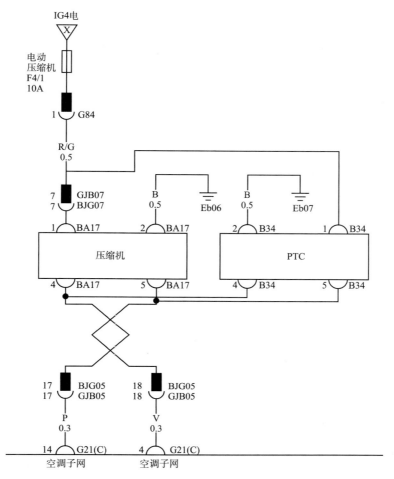

图 5-9 比亚迪秦 EV PTC 电路

五、任务工单

任务实训工作记录单

任务名称					
组长姓名		班级		同组同学	
教师姓名		地点		日期	
实训目标					
设备及工具					
组员分工					
实训过程内容与流程记录					
实训步骤					

续上表

实训任务回顾与总结	
任务收获与结果	
建议和改进措施	

任务4　空调鼓风机不工作故障诊断与排除

任务描述

一辆比亚迪 e5 出现空调系统不出风故障,请你完成该车的诊断与检修任务。

故障现象

一辆比亚迪 e5 空调启动,空调风口不出风。

一、知识准备

汽车空调鼓风机(图5-10)的作用是把空调蒸发箱上面的冷气或者暖水箱的热气吹到车里面去,调整车内温度高低,在车内开启制冷的时候,鼓风机就会把冷风送到车内,然后车内温度就会下降;开热风的时候,就可起到制热的效果。汽车空调能对车厢内空气进行制冷、加热、换气和空气净化为乘车人员提供舒适的乘车环境,降低驾驶人的疲劳强度,提高行车安全性。

图5-10　汽车空调鼓风机

汽车空调鼓风机一般安装在副驾驶前面储物箱的下面,把副驾驶手套箱挡板取下后,就能看到鼓风机。汽车鼓风机的工作原理可以简单概括为:通过电机驱动叶轮旋转,将外部空气吸入,并通过空调系统进行过滤、加热或制冷,最后将处理后的空气送入车内。具体来说,汽车鼓风机的工作过程可以分为以下几个步骤：

（1）电机驱动叶轮旋转。

汽车鼓风机的核心部件是叶轮，它是由多个叶片组成的，通过电机的驱动，叶轮开始旋转。这个过程中，叶轮的旋转速度决定了鼓风机的风量大小，也就是车内空气的流动速度。

（2）吸入外部空气。

随着叶轮的旋转，鼓风机会将外部空气吸入，这个过程中，鼓风机的进气口通常位于车辆前部的进气格栅处，可以有效避免车内空气的二次污染。

（3）通过空调系统进行过滤、加热或制冷。

吸入的空气需要经过空调系统的处理，包括过滤、加热或制冷等。其中，过滤是为了去除空气中的杂质和微粒，保证车内空气的清洁度；加热或制冷则是为了调节车内温度，使乘员感到舒适。

（4）将处理后的空气送入车内。

经过空调系统处理后的空气，最后被送入车内，为乘员提供舒适的驾乘环境。这个过程中，鼓风机的出风口通常位于车内仪表板上方或底部，可以根据需要进行调节。总的来说，汽车鼓风机的工作原理是比较简单的，但它对于车内空气质量和驾乘舒适度的影响却是非常重要的。因此，在日常使用中，我们需要定期对鼓风机进行清洁和维护，以保证其正常工作。同时，也要注意车内空气的质量，避免长时间在污染严重的环境中驾驶。

二、故障原因分析

（1）鼓风机熔断丝损坏。比亚迪 e5 在鼓风机电路电流过大时，鼓风机熔断丝就会损坏。

（2）鼓风机继电器。比亚迪 e5 鼓风机电路继电器损坏，鼓风机失去电源，鼓风机无法正常工作。

（3）鼓风机自身损坏。

（4）调速模块故障。空调调速模块故障致空调鼓风机不工作。

（5）空调控制器故障。空调控制器故障致空调鼓风机不工作。

（6）线束或连接器。比亚迪秦 EV 鼓风机电路线束或连接器接触不良或损坏都会导致空调鼓风机不工作故障。

三、故障诊断流程

新能源汽车空调鼓风机不工作故障诊断流程如图 5-11 所示。

四、任务实施

（一）实施要求

完成空调鼓风机不工作故障诊断与检修任务。

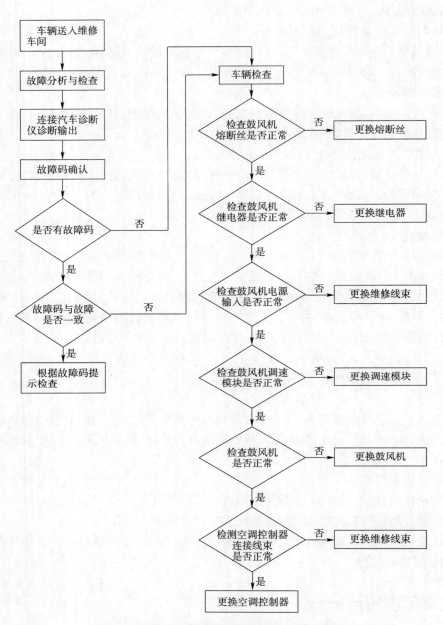

图 5-11 新能源汽车空调鼓风机不工作故障诊断流程

(二)实施准备

(1)防护装备。
(2)实训车辆、台架。
(3)工具。
(4)辅助材料。

(三)实施步骤

1. 维修前准备

(1)穿戴防护用品。

(2)铺绝缘垫。

(3)安装座椅套、地板垫、变速器操纵杆套、转向盘套。

(4)铺装翼子板布、前格栅布,安放三角木。

(5)准备拆装工具、检查及检测仪表。

2. 车辆故障检查诊断与排除

(1)检查空调滤清器及出风通道是否堵塞,取出空调滤清器,清理出风通道。

(2)查阅车辆维修手册,参照空调鼓风机控制电路(图 5-12、图 5-13),用万用表检测空调鼓风机熔断丝 F1/21 是否正常。

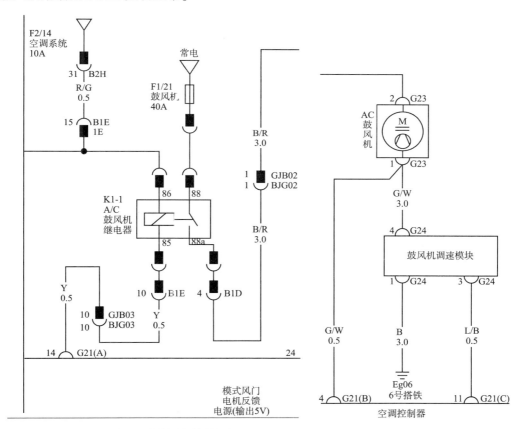

图 5-12 比亚迪 e5 空调鼓风机控制电路(一)　　图 5-13 比亚迪 e5 空调鼓风机控制电路(二)

(3)用万用表检测空调鼓风机继电器 K1-1 是否正常。

(4)用万用表检测空调鼓风机供电是否正常。

(5)更换空调鼓风机,故障排除。

五、任务工单

任务实训工作记录单

任务名称					
组长姓名		班级		同组同学	
教师姓名		地点		日期	
实训目标					
设备及工具					
组员分工					
实训过程内容与流程记录					
实训步骤					
实训任务回顾与总结					
任务收获与结果					
建议和改进措施					

习题

一、判断题

1. 空调启动后空调风口不出风是鼓风机损坏。　　　　　　　　　　　　（　）
2. 空调鼓风机控制冷热风从不同位置吹入车内。　　　　　　　　　　　（　）
3. 比亚迪秦EV新能源汽车供暖系统采用电热式制热。　　　　　　　　（　）
4. 空调面板是整个空调系统(包括制冷、采暖)的总控中心。　　　　　（　）
5. 冷凝器使来自压缩机的低温高压气体通过管壁和翅片实现制冷。　　（　）
6. 汽车空调的膨胀阀为干燥瓶的中温高压的液态制冷剂降压。　　　　（　）
7. 比亚迪秦EV新能源汽车空调系统为PTC提供电源。　　　　　　　　（　）
8. 新能源汽车鼓风机电路线束或连接器接触不良或损坏都会导致空调鼓风机不工作故障。　　　　　　　　　　　　　　　　　　　　　　　　　　　　　　（　）
9. 空调调速模块故障会致空调鼓风机不工作。　　　　　　　　　　　（　）

二、简答题

1. 简述新能源汽车空调制冷、制热控制原理。

2. 简述新能源汽车空调制冷异常故障诊断与排除方法。

3. 简述新能源汽车空调制热异常故障诊断与排除方法。

4. 简述空调鼓风机不工作故障诊断流程。

项目六

典型故障案例分享

知识目标

（1）掌握新能源汽车整车控制器（VCU）故障诊断与排除方法。
（2）掌握新能源汽车无钥匙进入和起动系统（PEPS）故障诊断与排除方法。
（3）掌握新能源汽车转向盘解锁失败故障诊断与排除方法。
（4）掌握新能源汽车 IMMO 认证失败故障诊断与排除方法。
（5）掌握新能源汽车高压互锁故障诊断与排除方法。

技能目标

（1）能够进行新能源汽车整车控制器（VCU）故障诊断与排除。
（2）能够进行新能源汽车无钥匙进入和起动系统（PEPS）故障诊断与排除。
（3）能够进行新能源汽车转向盘解锁失败故障诊断与排除。
（4）能够进行新能源汽车 IMMO 认证失败故障诊断与排除。
（5）能够进行新能源汽车高压互锁故障诊断与排除。

素养目标

（1）遵守课堂纪律，具有良好的职业道德和工匠精神。
（2）积极完成学习任务，具备团队合作精神。
（3）严格遵守实训室 6S 管理。

案例1　整车控制器（VCU）故障诊断与排除

任务描述

一辆新能源汽车帝豪 EV450 发生 VCU 故障，请你完成该车的诊断与检修任务。

🖊 故障现象

一辆新能源汽车帝豪 EV450，起动后仪表盘有多个故障灯亮，不显示"READY"，变换挡位车辆无法行驶。

一、知识准备

VCU 作为新能源车中央控制单元，是整个控制系统的核心。VCU 采集电机及蓄电池状态，以及加速踏板信号、制动踏板信号、执行器及传感器信号，根据驾驶人的意图综合分析作出相应判定后，监控下层的各部件控制器的动作，它负责汽车的正常行驶、制动能量回馈、整车驱动系统及动力蓄电池的能量管理、网络管理、故障诊断及处理、车辆状态监控等，从而保证整车在较好的动力性、较高经济性及可靠性状态下正常稳定地工作。可以说，VCU 性能的好坏直接决定了新能源汽车整车性能的好坏，它起到了中流砥柱的作用。

目前有些车型取消了 VCU，将 VCU 的功能分解到其他控制器中，例如安全和上下电的功能、行车相关的功能被分解到 MCU。VCU 的具体作用如下。

1. 驾驶人意图解析

VCU 通过采集加速踏板、制动踏板、挡位等人机交互的接口信息（智能汽车还接收大屏等信号），并综合车辆当前的状态，如蓄电池电量、车速等关键信息，给出驾驶人对车辆的驱动或者制动需求，从而进行加速或者减速。

2. 整车模式管理

纯电动汽车整车模式总体分为初始化模式、高压保持模式、交流充电模式、直流充电模式、行车模式、补电模式、故障模式等，VCU 通过合理且明确的状态转移的条件和路径，实现车辆各状态之间的切换。

3. 整车能量管理

对于纯电动汽车来说，VCU 通过对整车能量状态的监控，协调车辆动力输出和其他高压部件的工作状态，最大化利用车辆的能量，以达到最优的能量使用效果——更强的动力或更长的续驶里程。如低电量时对电机限制功率、限制空调使用，或者在用户选择不同的驾驶模式（如 Sport 模式）时，更偏向于能量动力输出。

4. 驱动控制

以驾驶人驱动转矩需求和车辆实际状态为基础，对整个驱动系统控制的动态管控过程进行优化和管理。使动力系统部件，在最优化的工作模式下，符合驾驶人的驾驶需求。例如，通过对加速踏板的控制（深度、踩下速率等）的解析（图 6-1），判断驾驶人的需求转矩大小，实现不同的加速效果。

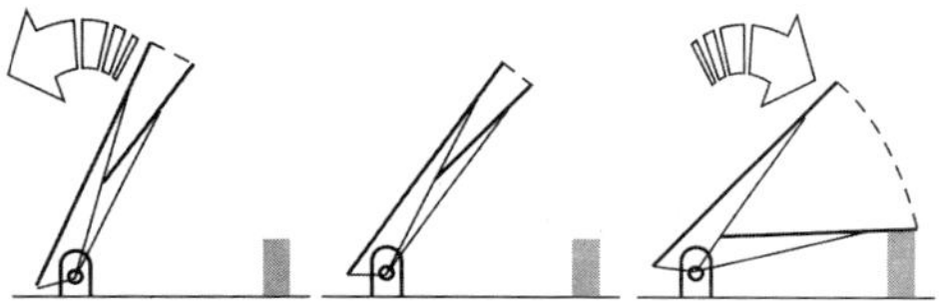

5. 制动控制（能量回收控制）

这里的制动控制是指能量回收的控制。VCU 根据车辆当前的车速、驾驶人对踏板的操作，以及当前车辆状态的预估（例如，蓄电池温度、SOC 等

图 6-1 加速踏板解析

状态),计算符合当前状态下的能量回收,由车辆的驱动系统进行执行,从而获得最优的能量回收和制动的效果。

6. 转矩监控

从整车功能安全角度出发,VCU 采集动力系统(驱动电机控制器)所反馈的客观参数进行运算,得到车辆实际转矩,从而对整车的转矩进行监控,以确保车辆动力系统工作在安全的范围内。

7. 整车故障监控

VCU 通过综合分析比较各零部件上传的信号值和传感器采集的数值,进行实时的计算和比较,对车辆零部件的状态进行有效的识别和管理。例如,对蓄电池上报的蓄电池温度或者充电口的温度传感器采集的温度值进行判断,有效地避免车辆发生故障;或者在发生故障时,进行提醒或者采取安全措施。

8. 部件故障监测

VCU 可以进行相关冗余设计,在部分部件发生故障时,有效地进行诊断和处理,保证车辆的基本功能不会丧失。例如,在电机温度过高时,VCU 通过一定的冗余设计降低行车功率,保证车辆部分基本功能完善。基于整车角度,对故障进行适应性处理。

9. 整车附件的管理

VCU 可以实现对车辆的附件功能,例如空调功能的管理、DC/DC 变换器需求管理,水泵、仪表、真空泵倒车灯、制动灯的管控,进行整车需求能量的最优化计算管理。

VCU 原理如图 6-2 所示。

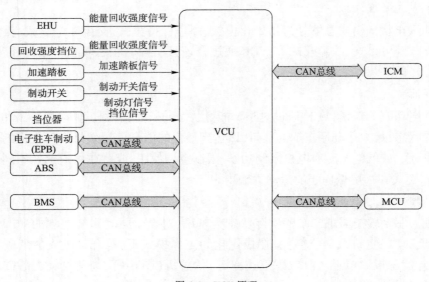

图 6-2 VCU 原理

二、故障原因分析

新能源汽车 VCU 整车控制器故障主要有供电故障、CAN 总线故障、VCU 故障,网关故障等。

1. 供电故障

(1) VCU 电源缺失。

(2) 搭铁断路。

(3) 线束、接插件损坏,接触不良。

(4) 继电器损坏。

2. CAN 总线故障

(1) 短路。

(2) 断路。

(3) 虚接。

三、故障诊断流程

新能源汽车 VCU 故障诊断流程如图 6-3 所示。

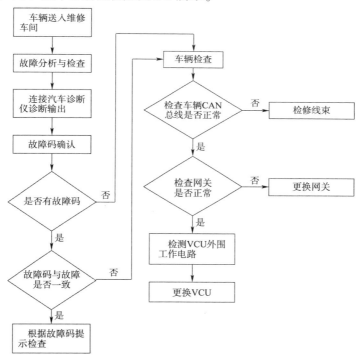

图 6-3 新能源汽车 VCU 故障诊断流程

四、任务实施

(一) 实施要求

完成帝豪 EV450 故障诊断与检修任务。

(二)实施准备

(1)防护装备。
(2)实训车辆、台架。
(3)工具。
(4)辅助材料。

(三)实施步骤

1. 维修前准备

(1)穿戴防护用品。
(2)铺绝缘垫。
(3)安装座椅套、地板垫、变速器操纵杆套、转向盘套。
(4)铺装翼子板布、前格栅布,安放三角木。
(5)准备拆装工具、检查及检测仪表。

2. 车辆故障检查诊断与排除

(1)连接诊断仪。
(2)起动车辆,打开诊断仪,选择车型进行诊断。
(3)读取数据,诊断仪无法与 VCU 建立通信。
(4)读取仪表控制单元和 BMS 数据,均有故障码"U111487——与整车控制器丢失通信"。
(5)检测 VCU 供电电路。
①用万用表测量 VCU 插接器 CA66 的 12 号端子,对搭铁电压为 11.96V(标准值为 11.00~14.00V),说明正常;
②检测插接器 CA66 搭铁端子的导通性,测量 1 号、2 号、26 号和 54 号端子与车身搭铁之间的电阻值,检查是否正常。
(6)检测 VCU 的通信电路。
①由图 6-4 可知,插接器 CA66 的 7 号端子和 8 号端子分别是 PCAN 的 PCAN-High 和 PCAN-Low 线,关闭起动开关,将无损探针分别刺入插接器 CA66 的 7 号端子和 8 号端子,连接双通道示波器测试仪,打开启动开关,用示波器观察 PCAN-High、PCAN-Low 信号。示波器显示 PCAN-High 信号一直是低电平不正常,PCAN-Low 信号正常;
②检测 VCU 线束,发现整车控制器 VCU 端 PCAN-High 线束磨损,与车身接触导致 PCAN-High 线对地短路。
(7)修复线束,车辆上电,仪表"READY"灯点亮,无其他故障警告灯点亮,故障排除。

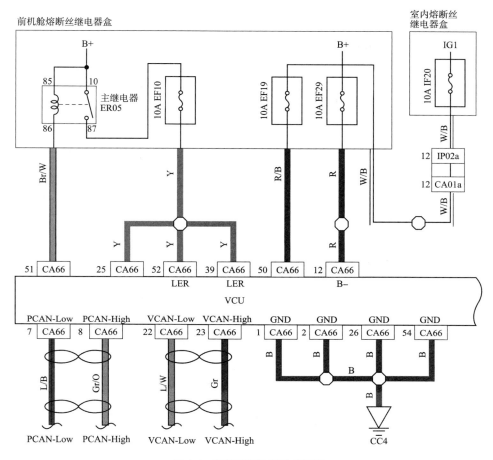

图 6-4 帝豪 EV450 VCU 电路图

VCU-整车控制器;Br/W-棕/白;Y-黄色;R/B-红/黑;R-红色;W/B-白/黑;L/B-蓝/黑;Gr/O-灰/橙;L/W-蓝/白;Gr-灰色;B-黑色

五、任务工单

任务实训工作记录单

任务名称					
组长姓名		班级		同组同学	
教师姓名		地点		日期	
实训目标					
设备及工具					
组员分工					
实训过程内容与流程记录					
实训步骤					

续上表

实训任务回顾与总结	
任务收获与结果	
建议和改进措施	

案例 2　无钥匙进入和起动系统(PEPS)故障诊断与排除

任务描述

一辆比亚迪 e5 发生无钥匙进入和起动系统(Passive Entry Passive Start,PEPS)故障,请你完成该车的诊断与检修任务。

故障现象

遥控钥匙控制失败,"一键起动"失败,仪表同时提示"未检测到钥匙",故障指示灯闪烁(图 6-5)。

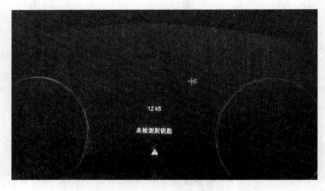

图 6-5　比亚迪 e5 仪表

一、知识准备

无钥匙进入及起动系统(PEPS)由控制器、智能钥匙中的射频(Radio Frequency,RF)发射器和汽车端的接收器等组成。

PEPS 的功能是:驾驶人按下门把手请求开关或触碰门把手感应区域,车门自动解锁,驾驶人只需按动按键或旋转旋钮即可起动车辆。PEPS 采用先进的射频识别(Radio Frequency Identification,RFID)技术,实现无须按动遥控器即可进入车内以及"一键起动"发动机等功能。PEPS 具有更加智能化的门禁管理、更高的防盗性能。PEPS 给驾驶人带来了方便性与舒适性（智能门禁、无钥匙进入/起动），更重要的是极大提高了安全性。相比使用遥控钥匙需要单向通信认证，PEPS 通过低频（Low Frequency，LF）和射频地双向通信完成汽车与钥匙之间复杂的双向身份认证，安全性得以提高。同时，PEPS 还具有记忆存储功能。PEPS 原理如图 6-6 所示。

遥控无钥匙进入（Remote Keyless Entry，RKE）是一种单向认证的电子锁，无须使用传统的机械钥匙即可控制车门的开闭。无钥匙进入系统一词最初是指用位于车门或车门附近的通过键盘输入预定数字密码来解锁的

图 6-6　PEPS 原理结构图
注：IMMO 即发动机防盗锁止系统。

锁。车窗升降器也可以通过远程无线控制，这是一个重要的附加安全方面。通过使用遥控钥匙将车门锁定，车窗和天窗同时也将自动关闭。与机械钥匙相比，无钥匙进入操作相对方便且提升了车辆的安全性。但其仍存在同频干扰、信号被复制重发等隐患。

被动进入系统（Passive Entry System，PES）是远程无钥匙进入系统的升级版。此功能让驾驶人无须按下遥控钥匙锁定或解锁按钮即可锁定和解锁车门。只需将钥匙放在口袋或钱包中，走进车门，触碰车门把手即可完成解锁。PES 的原理是触摸门把手内部解锁传感器，电容放电唤醒进入及启动许可控制单元。门把手和钥匙中都装有天线，在距车几十米开始，钥匙持续发送解锁信号，当车上解锁装置接收到信号，按照特定的协议，完成认证后，即自动解锁车门。

PEPS 使用低频范围内的无线电波，通常为 125kHz 或 134kHz，以及超高频（Ultra High Frequency，UHF）范围内的无线电波，通常为低于 1GHz 的信号，在双向通信中交换唯一密钥钥匙和车辆之间的访问代码。一旦交换的代码与预期值匹配并且钥匙与车距离很近，即会解锁车门。该系统还测量汽车与钥匙之间的距离，确定钥匙是在车内还是车外。此信息可用于为驱动程序提供不同类型的访问权限。例如，如果钥匙在车外，则仅授予进入权限，但发动机起动功能将不起作用。

PEPS 主要零部件有门把手、遥控钥匙、天线、控制模块（BCM）、"一键起动"开关，涉及的核心技术有 RFID 识别技术、加密算法、EMC 技术。PEPS 具体包含两部分功能，一部分为无钥匙进入，一部分为无钥匙起动。

1. 门把手

大多数车型的门把手无钥匙开关是按钮式，少数为电容触摸式。从使用体验上来看，肯定是电容式更优雅从容，但零件成本也更高。

2. 低频天线

由于低频信号传输距离短，因此通过布置多个天线来覆盖四门+行李舱门，确保驾驶人无论开哪个门都能实现无钥匙开关。

3. 车钥匙

车钥匙一般能接受低频触发信号，同时传输高频解锁信号。比亚迪 e5 智能钥匙系统图如图 6-7 所示。

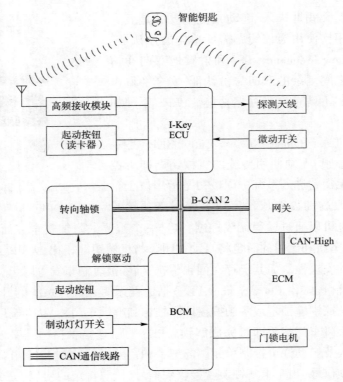

图 6-7 比亚迪 e5 智能钥匙系统图

4. 高频接收器(RFR)

高频接收器接收钥匙发出的高频解锁信号,并发送信息给车锁模块。

当驾驶人触摸门把手时,内部解锁传感器中电容放电唤醒进入及启动许可控制单元,唤醒后该控制器执行两个动作,一是通过专用线束唤醒车载电网控制单元,并启动无钥匙进入及"一键起动"控制功能;二是通过低频天线发出低频信息。钥匙在车辆 1.5m 范围内被低频信号唤醒,收到信息并初步核对,若合法则将身份(ID)码以滚动形式加密并发出高频信息,车载电网控制单元通过内部集成的高频天线接收并处理信息,开始验证 ID,若一致则唤醒特定 CAN。然后,将 ID 通过 CAN 传送至进入及起动许可控制单元,对其进行校验,若与内部存储值一致,则回传与 ID 一致的确认信息至车载电网控制单元。车载电网控制单元收到信息后发出门锁解锁指令,同时控制前后转向灯闪烁、车门模块收到后控制门锁电机供电、后视镜展开等。

驾驶人按下起动键后,进入及起动许可控制单元的某个引脚被拉低,然后唤醒特性 CAN 链路,并向电子防盗单元发送上电请求,对方收到后发出钥匙定位以及电子防盗码查询指令,进入及起动许可控制单元后,唤醒车载电网控制单元,并让其执行"一键起动"功能,然后通过低频向钥匙发送底子防盗码请求,钥匙收到请求后开始响应,车载电网控制单元收到后,并开始校验,一致则给 EPS 供电并且通知进入及起动许可控制单元发出上电指令。

(1) 驾驶人携带钥匙来到车边,通过拉门把手或按压按钮,发出要开锁/点火的信息。此时门把手/按钮发送起动信号给低频天线。

(2)低频天线发出低频触发信号。

(3)车钥匙接收到低频触发信号,于是发出高频解锁信号。

(4)高频接收器接收高频解锁信号,通知整车解锁/点火。

随着技术的发展,为了解决中继攻击(大多数无钥匙进入系统只是通过信号强度来确定车辆驾驶人是否在范围内。也就是说,只要把这个沟通过程的信号放大,使得车辆和钥匙以为车主在附近,即可完成解锁操作),开始在 PEPS 中开始引入超宽带(Ultra Wide Band,UWB),其具有对信道衰落不敏感、发射信号功率谱密度低、截获率低、系统复杂度低、能提供数厘米的定位精度等优点。

此外,随着智能手机技术发展,数字钥匙也应用在新型车辆上,车辆访问系统正在使用虚拟钥匙。钥匙即服务(Key as a Service,KaaS)允许汽车制造商通过智能手机为驾驶人提供对车辆的访问权限。汽车制造商还使用灵活的数字管理和空中下载技术(Over the Air,OTA)密钥发行,让车队经理和用户更容易管理密钥。PEPS 控制示意图如图 6-8 所示。

图 6-8　PEPS 控制图

二、故障原因分析

新能源汽车 PEPS 故障主要有 PEPS 控制器故障、PEPS 通信故障、BCM 故障、连接线束故障、按键及开关等。

三、故障诊断流程

新能源汽车 PEPS 故障诊断流程如图 6-9 所示。

四、任务实施

(一)实施要求

完成无钥匙进入和起动系统故障诊断与检修任务。

(二)实施准备

(1)防护装备。

(2)实训车辆、台架。

(3)工具。

(4)辅助材料。

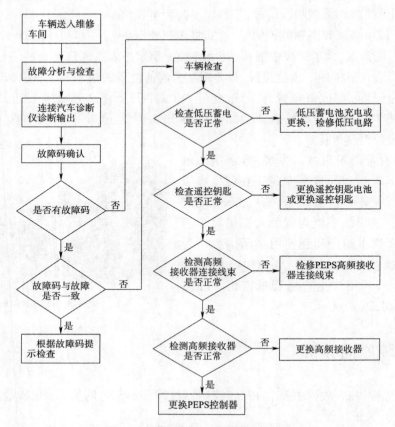

图 6-9　新能源汽车 PEPS 故障诊断流程

(三)实施步骤

1. 维修前准备

(1)穿戴防护用品。

(2)铺绝缘垫。

(3)安装座椅套、地板垫、变速器操纵杆套、转向盘套。

(4)铺装翼子板布、前格栅布,安放三角木。

(5)准备拆装工具、检查及检测仪表。

2. 车辆故障检查诊断与排除

(1)检查蓄电池正常。

(2)检查车辆遥控钥匙,钥匙灯闪烁正常工作。

(3)连接故障诊断仪。

(4)起动车辆,打开诊断仪,选择车型进行诊断。

(5)诊断输出,读取智能钥匙系统数据,有故障码 B227A-00——高频接收器模块故障。

(6)检测高频接收模块线束。

①查阅车辆维修手册,参照高频接收模块电路图(图 6-10),断开高频接收模块 K12 连接器。

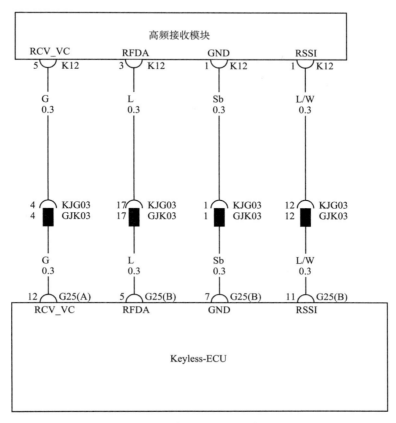

图 6-10 高频接收模块电路图

②断开 I-key ECU G25(A)、G25(B)连接器。
③用万用表检测线束端各端子间电阻。
(7)更换高频接收模块,车辆"一键起动"功能正常,故障排除。

五、任务工单

任务实训工作记录单

任务名称					
组长姓名		班级		同组同学	
教师姓名		地点		日期	
实训目标					
设备及工具					
组员分工					

续上表

实训过程内容与流程记录	
实训步骤	
实训任务回顾与总结	
任务收获与结果	
建议和改进措施	

案例 3　转向盘解锁失败故障诊断与排除

任务描述

一辆比亚迪秦 EV 发生转向盘解锁失败故障，请你完成该车的诊断与检修任务。

故障现象

一辆比亚迪秦 EV 钥匙可以正常控制车门解锁、上锁。按下"一键起动"，钥匙指示灯闪烁，转向盘无法解锁。

一、知识准备

车辆转向系统中，转向轴锁属于防盗系统的一部分，转向轴锁的作用简单来说是当驾驶人从钥匙筒拔出钥匙后或者熄火后（无钥匙起动车辆），转向柱便被锁杆锁住。这样，即使偷窃者不用钥匙而把发动机起动了，但汽车仍不能够转向，无法驾驶。

转向轴锁通过电机带动锁舌锁止转向管柱，使转向盘无法转动，从而起到防盗的作用。转向轴锁的工作原理是转向轴锁通过智能钥匙系统控制器及 BCM 发送解锁或闭锁信号给转向轴锁控制器，由电机执行开锁与解锁动作，转向轴锁控制模块通过霍尔传感器获取的信号判断是否解锁或闭锁成功，并将信息返回给智能钥匙系统及 BCM，完成其他命令。电子转向锁发生故障会导致上锁失败。

转向锁主要由锁杆、凸轮轴、锁止器挡块、开锁杠杆和开锁按钮等组成，图 6-11 为比亚迪秦 EV 转向轴锁系统图。

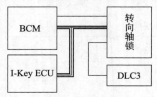

图 6-11　比亚迪秦 EV 转向轴锁系统图

二、故障原因分析

新能源汽车转向盘解锁失败故障是汽车的转向柱锁没有打开或者是遥控钥匙与系统不匹配,转向柱锁无法进行解锁,或者是转向柱出现了故障。故障主要有转向盘锁定系统故障、电子转向系统故障、转向盘锁死等。

1. 转向盘锁定系统故障

转向盘锁定系统发生了故障,就有可能导致汽车的转向盘锁定系统解锁失效。需要重新匹配汽车转向盘的锁定系统。

2. 电子转向系统故障

若电子转向系统出现故障,可使用检测仪读取故障码,根据故障码判断故障点。

3. 转向盘锁死

转向盘锁死是防盗功能的一种。在转向盘锁死状态下,"一键起动"功能也无法解锁。

三、故障诊断流程

转向盘解锁失败故障诊断流程如图6-12所示。

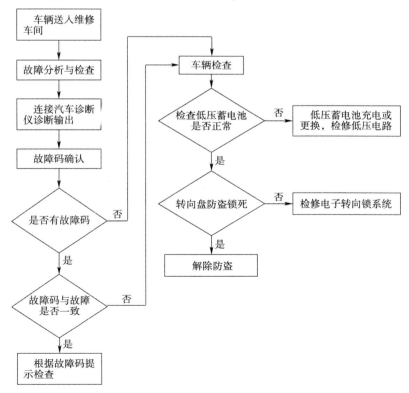

图6-12 转向盘解锁失败故障诊断流程

四、任务实施

(一)实施要求

完成转向盘解锁失败故障诊断与检修任务。

(二)实施准备

(1)防护装备。
(2)实训车辆、台架。
(3)工具。
(4)辅助材料。

(三)实施步骤

1. 维修前准备

(1)穿戴防护用品。
(2)铺绝缘垫。
(3)安装座椅套、地板垫、变速器操纵杆套、转向盘套。
(4)铺装翼子板布、前格栅布,安放三角木。
(5)准备拆装工具、检查及检测仪表。

2. 车辆故障检查诊断与排除

(1)检查蓄电池是否正常。
(2)连接诊断仪。
(3)起动车辆,打开诊断仪,选择车型进行诊断。
(4)读取数据,有故障码 B22D600——"转向轴锁供电异常"。
(5)检测电源电压、ACC 信号电压。

①查阅维修手册,如图 6-13 可知,插接器 G17 的 2 号端子和 5 号端子分别是电源和 ACC 信号电,断开插接件 G17,用万用表测量线束端电压,插接器 G17 的 2 号端子对搭铁电压为 12V(标准值为 11~14V),正常。

②用万用表测量插接件 G17 的 5 号端子对搭铁电压为 12V(标准值为 11~14V),正常。

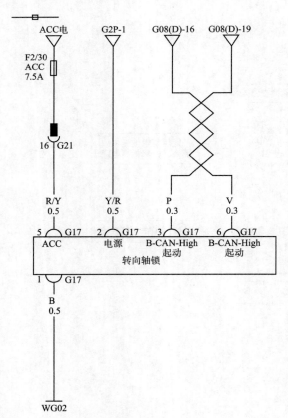

图 6-13 比亚迪秦 EV 转向轴锁电气图

(6)检测线束。用万用表测量插接器G2P-1-G17-2,电阻正常情况应小于1Ω。

(7)检修恢复线束,车辆上电转向盘解锁,故障解决。

五、任务工单

任务实训工作记录单

任务名称					
组长姓名		班级		同组同学	
教师姓名		地点		日期	
实训目标					
设备及工具					
组员分工					
实训过程内容与流程记录					
实训步骤					
实训任务回顾与总结					
任务收获与结果					
建议和改进措施					

案例4 IMMO认证失败故障诊断与排除

任务描述

一辆吉利帝豪EV450发生IMMO认证失败故障,请你完成该车的诊断与检修任务。

新能源汽车故障诊断技术

故障现象

一辆吉利帝豪 EV450，起动车辆，仪表显示 IMMO 认证失败，"READY"灯不亮，高压不上电，转向盘未解锁。

一、知识准备

IMMO 模块是电子防盗（锁定）系统，一旦出现"IMMO 认证失败"，即使有遥控钥匙，依然无法起动车辆。在吉利帝豪 EV450 车型上，其 IMMO 模块集成在 PEPS 中。如仪表收到 PEPS 发出的和 IMMO 认证失败信号时，仪表会显示和 IMMO 认证失败界面；如果没有，则仪表不显示和 IMMO 认证失败界面。整体来说，需要通过 PEPS 来起动 VCU，此后才能进行车辆控制。图 6-14 是吉利帝豪 EV450 组合仪表 PEPS（PEPS 整合在 BCM 中）电气连接，图 6-15 是吉利帝豪 EV450 电气化系统，图 6-16 是吉利帝豪 EV450 启动开关与 PEPS（PEPS 整合在 BCM 中）的系统连接。

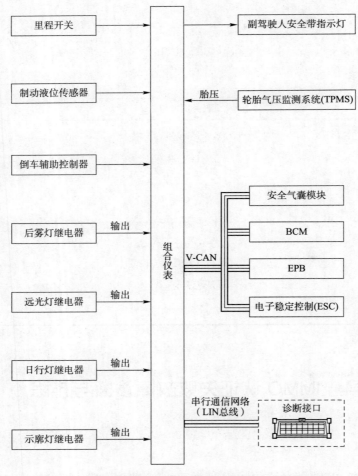

图 6-14　组合仪表与 PEPS（PEPS 整合在 BCM 中）的电气连接

项目六 典型故障案例分享

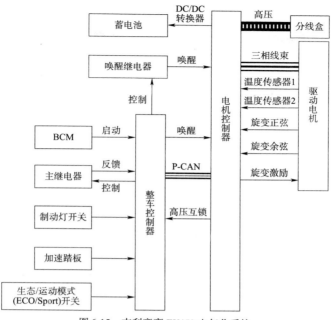

图 6-15 吉利帝豪 EV450 电气化系统

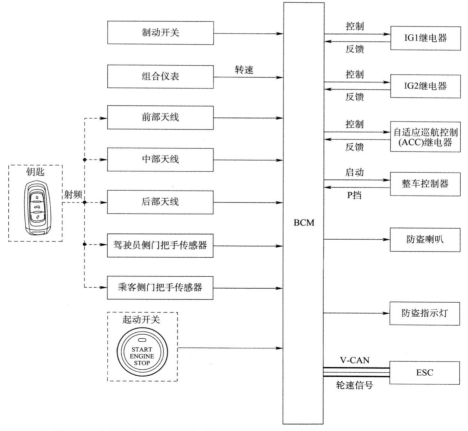

图 6-16 吉利帝豪 EV 450 启动开关与 PEPS(PEPS 整合在 BCM 中)的系统连接

二、故障原因分析

新能源汽车 IMMO 认证失败故障主要有 PEPS 控制器故障、通信故障、连接线束等。

三、故障诊断流程

IMMO 认证失败故障诊断流程如图 6-17 所示。

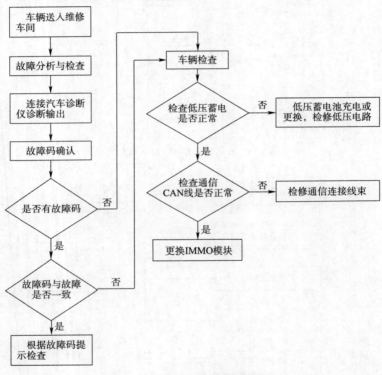

图 6-17　IMMO 认证失败故障诊断流程

四、任务实施

(一) 实施要求

完成 IMMO 认证失败故障诊断与检修任务。

(二) 实施准备

(1) 防护装备。
(2) 实训车辆、台架。

(3)工具。

(4)辅助材料。

(三)实施步骤

1. 维修前准备

(1)穿戴防护用品。

(2)铺绝缘垫。

(3)安装座椅套、地板垫、变速器操纵杆套、转向盘套。

(4)铺装翼子板布、前格栅布,安放三角木。

(5)准备拆装工具、检查及检测仪表。

2. 车辆故障检查诊断与排除

(1)检查蓄电池。

(2)连接诊断仪。

(3)起动车辆,打开诊断仪,选择车型进行诊断。

(4)读取故障码为:U021487,与 PEPS 通信丢失(图 6-18);U010087,与 EMS 失去通信。很明显该故障与 PEPS 相关。

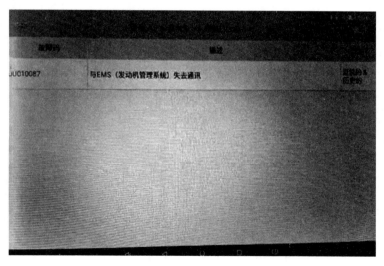

图 6-18 故障码信息

(5)检查 CAN 网络。

查阅车辆维修手册,参照图 6-19,用万用表测量诊断座接口 IP20a 端子 41 与端子 42 之间的电阻值,标准值为 55~67.5Ω。而实测值大于 100Ω,说明线路有问题。

(6)检查接插件。

仔细观察 PEPS 的插接件,发现插接件出现松动,导致其接触不良,无法正常通信,出现"IMMO 认证失败"信息。将插接件插紧并进行紧固或更换线束之后,故障现象消失。

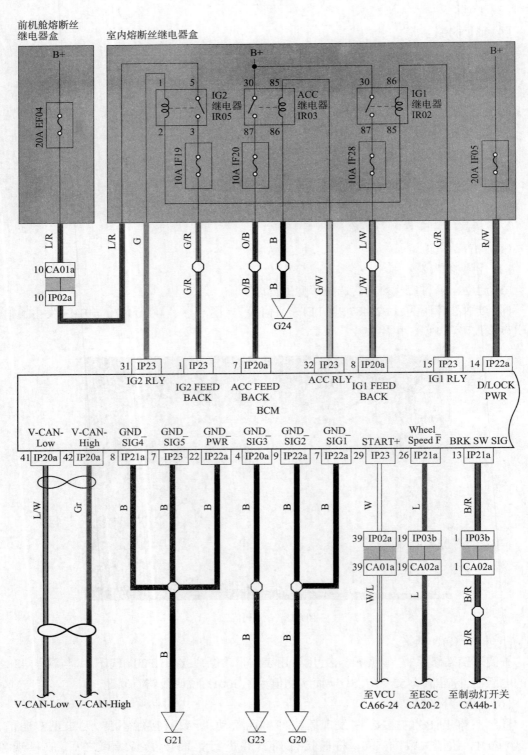

图6-19 吉利帝豪 EV450 PEPS(PEPS 整合在 BCM 中)系统电路

五、任务工单

任务实训工作记录单

任务名称					
组长姓名		班级		同组同学	
教师姓名		地点		日期	
实训目标					
设备及工具					
组员分工					
实训过程内容与流程记录					
实训步骤					
实训任务回顾与总结					
任务收获与结果					
建议和改进措施					

案例 5　高压互锁故障诊断与排除

任务描述

一辆比亚迪 e5 发生高压互锁故障，请你完成该车的诊断与检修任务。

故障现象

一辆比亚迪 e5 纯电动汽车，打开点火开关后无法上电，"OK"指示灯闪烁后熄灭；动力系统警告灯亮，挡位控制器失效，不能正常换入挡位；仪表显示"请检查动力系统"字样（图6-20）。

一、知识准备

（一）高压互锁概述

高压互锁（High Voltage Interlock，HVIL），其实也是高压互锁回路（Hazardous Voltage Interlock Loop，HVIL）

图 6-20　比亚迪 e5 仪表

的简称。高压互锁是指，用低压信号监视高压回路完整性的一种安全设计方法。通过使用低压信号来检查电动汽车上所有与高压线束相连的各组件，检测各个高压系统回路的电气连接完整性（连续性）。

理论上，低压监测回路比高压先接通，后断开，中间保持必要的提前量，时间长短可以根据项目具体情形确定，比如150ms，大体在这个量级。具体的高压互锁实现形式，不同项目可能有不同设计。

在电动汽车高压回路中，要求具备HVIL功能的电器元件主要是高压连接器，手动维修开关（MSD）等这类电器元件要求人力操作，实现电路接通还是断开的电气接口元件。高压互锁的目的是用来确认整个高压系统的完整性，当高压系统回路断开或者完整性受到破坏的时候，就需要启动安全措施。

为什么要做高压互锁设计？高压互锁主要是用来保证高压系统安全，主要有三个作用。其一用来检测高压回路松动（会导致高压断电，整车失去动力，影响乘车安全）并在高压断电之前给整车控制器提供报警信息，预留整车系统采取应对措施的时间；其二在车辆上电行车之前发挥作用，检测到电路不完整，则系统无法上电，避免因为虚接等问题造成事故；其三防止人为误操作引发的安全事故。在高压系统工作过程中，如果没有高压互锁设计存在，手动断开高压连接点，在断开的瞬间，整个回路电压加在断点两端，电压击穿空气在两个器件之间拉弧，时间虽短，但能量很大，可能对断点周围的人员和设备造成伤害。

（二）互锁原理

1. 高压插头上的互锁端子示意图

高压插头上的互锁端子如图6-21所示。

高压互锁
工作原理

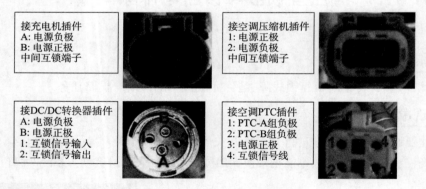

图6-21　高压插头上的互锁端子

2. 高压互锁原理

低压监测回路要比高压先断开、后接通，且间隔一定的时长（比如150ms）。高压互锁原理如图6-22所示。

3. 高压互锁类型

高压互锁有两种类型，如图6-23所示。

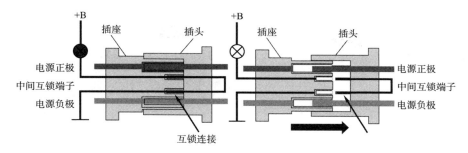

图 6-22 高压互锁连接原理

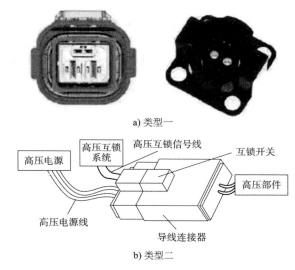

图 6-23 高压互锁类型

(三) 控制原理

1. 故障报警

无论电动汽车在何种状态,高压互锁系统在识别到危险时,都应使车辆对危险情况作出报警提示,需要仪表或指示器以声或光报警的形式提醒驾驶人,让驾驶人注意车辆的异常情况以便及时处理,避免发生安全事故。

2. 切断高压源

当电动汽车在停止状态时,高压互锁系统识别出严重危险情况时,除了进行故障报警,还应通知系统控制器断开自动断路器,使高压源被彻底切断,避免可能发生的高压危险,确保财产和人身安全。

3. 降功率运行

电动汽车在高速运行过程中,高压互锁系统在识别到危险情况时,不能马上切断高压源,首先通过报警提示驾驶人,然后让控制系统降低电机的运行功率,使车辆速度降下来,以使整车高压系统在负荷较小的情况下运行,尽量降低发生高压危险的可能性,同时也允许驾驶人能够将车辆停到安全地方。

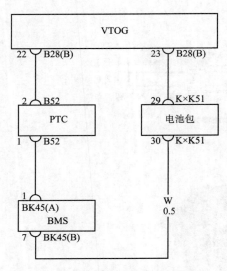

图6-24 比亚迪e5高压互锁回路

(四)比亚迪e5高压互锁回路

比亚迪e5高压互锁回路如图6-24所示。

(五)高压互锁信号

(1)高压互锁信号一般为12V,可使用万用表检测通断。

(2)互锁信号产生:信号一般由VCU发出,也可由15号电或BMS发出。

(3)互锁信号接收:互锁信号最终由BMS接收。

二、故障原因分析

高压互锁故障主要有开路和短路,具体有以下几种情况。

1.高压互锁开关失效

关闭盖板之后开关不能闭合是高压互锁开关的常见故障。可能原因是因设计尺寸偏差,导致互锁开关不能闭合,致使高压互锁回路开路。设计不合理导致安装过程中高压互锁开关结构失效,致使开关不能闭合。设计高压互锁开关时要综合考虑安装可能情况调整开关的朝向,从而避免结构失效。

2.端子退针导致开路

当互锁回路的低压线束中部分线束的端子以及高压用电器和电源分配单元(Power Distribution Unit,PDU)上高压互锁回路上的端子质量有问题时,会导致端子退针,引起公母端子接触不良。需要注意的是,在进行问题排查时,需要使用合适尺寸的探针。探针直径不宜过大,否则会影响到端子的接触质量和寿命。

3.互锁端子对地短路

由高压互锁回路的工作原理可知,虽然回路是通的,但对地短路也会报高压互锁开路。

4.动力蓄电池内部故障

若整车报高压互锁回路故障,而实际检测下来线束是完整的,且检测没有开路/对地短路的情况,则可带电测量互锁回路是否形成通路,即确认低压线束回路相通,高压线束都连接完好。然后将高压互锁回路任何一个地方断开,使用欧姆挡测量是否导通,还可以继续排查验证是否为动力蓄电池内部的故障。

三、故障诊断流程

电动汽车高压互锁故障诊断流程如图6-25所示。

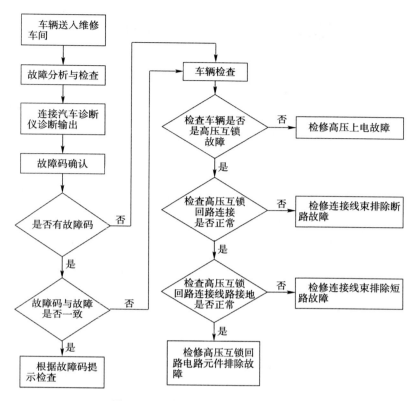

图 6-25 电动汽车高压互锁故障诊断流程

四、任务实施

(一) 实施要求

完成高压互锁故障诊断与检修任务。

(二) 实施准备

(1) 防护装备。
(2) 实训车辆、台架。
(3) 工具。
(4) 辅助材料。

(三) 实施步骤

1. 维修前准备
(1) 穿戴防护用品。
(2) 铺绝缘垫。

(3)安装座椅套、地板垫、变速器操纵杆套、转向盘套。

(4)铺装翼子板布、前格栅布,安放三角木。

(5)准备拆装工具、检查及检测仪表。

2. 车辆故障检查诊断与排除

(1)连接诊断仪,起动车辆。

(2)进入 VTOG 读取故障码,显示故障码为"P1A6000——高压互锁 1 故障"。

(3)读取数据流,与该故障相关的主要数据流为:充放电——不允许;主接触器——断开;高压互锁 1——锁止。由此可初步确定,该故障为高压互锁系统线路故障或高压互锁系统元件故障。

(4)查阅比亚迪 e5 车型高压互锁电路简图(图 6-26)可知,该车高压互锁电路由 BMS、动力蓄电池包、VTOG 及空调加热器组成。

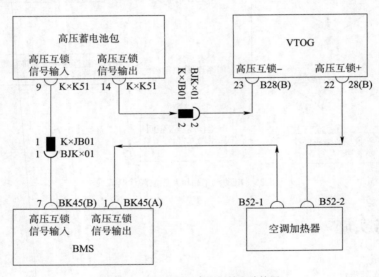

图 6-26　比亚迪 e5 高压互锁电路简图

(5)关闭启动开关,断开 BMS 的 BK45(A)插接器及 BK45(B)插接器,用万用表电阻挡测量 BK45(A)/1 端子与 BK45(B)/7 端子之间的电阻,正常情况下阻值应小于 1.0Ω,但实测发现该车的阻值为无穷大,这说明在互锁电路中存在断路。

(6)断开 VTOG 的 B28(B)插接器,用万用表电阻挡测量 BK45(B)/7 端子与 B28(B)/23 端子之间的电阻为 0.6Ω,小于 1.0Ω。由此可判断,BMS 到 VTOG 之间的线路是正常的。

(7)万用表电阻挡测量 BK45(A)/1 端子与 B28(B)/22 端子之间线路的电阻值为无穷大。由此可以证实,线路的断点位于 VTOG 到 BMS 之间的线路上。

(8)断开空调加热器 B52 插接器,用万用表电阻挡测量 BK45(A)/1 端子与 B52/2 端子之间的电阻值为电阻为无穷大。由此判断,线路断点位于 PTC 到 BMS 之间。

(9)用万用表电阻挡测量 B52/2 端子与 B28(B)/22 端子之间的电阻值为 0.5Ω,正常。推断空调加热器与 VTOG 之间的线路是正常的。

(10)更换空调加热器到 BMS 之间的线束,故障排除。

五、任务工单

任务实训工作记录单

任务名称					
组长姓名		班级		同组同学	
教师姓名		地点		日期	
实训目标					
设备及工具					
组员分工					
实训过程内容与流程记录					
实训步骤					
实训任务回顾与总结					
任务收获与结果					
建议和改进措施					

习题

一、判断题

1. 车辆 VCU 可以控制制动系统。　　　　　　　　　　　　　　　　（　　）
2. 车辆 VCU 是车身控制系统。　　　　　　　　　　　　　　　　　（　　）
3. PEPS 可以整合在 BCM 中。　　　　　　　　　　　　　　　　　（　　）
4. PEPS 具有防盗功能。　　　　　　　　　　　　　　　　　　　　（　　）
5. 互锁信号由 BMS 发出。　　　　　　　　　　　　　　　　　　　（　　）
6. 设置高压互锁的目的是确认整个高压系统的完整性。　　　　　　　（　　）

二、选择题

1. VCU 可以实现对车辆(　　)的管理。
   A. 空调　　　　　　B. DC/DC 转换器　　C. 水泵　　　　　　D. 真空泵
2. VCU 作为新能源车中央控制单元,可以采集(　　)。
   A. 电机状态　　　　B. 加速踏板信号　　C. 制动踏板信号　　D. 轮胎气压信号
3. PEPS 可实现(　　)。
   A. 无钥匙解锁　　　B. 一键起动发动机　C. 一键启动多媒体　D. 一键控制灯光

4. 高压互锁的作用是(　　)。
   A. 检测高压回路端子接触　　　　　　B. 检测电路完整性
   C. 检查高压上电　　　　　　　　　　D. 避免安全事故
5. 新能源汽车 IMMO 认证失败故障主要有 PEPS 控制器故障、通信故障、连接线束故障、(　　)等故障。
   A. IMMO 模块故障　　B. 通信故障　　　C. 低压故障　　　　D. 高压故障

三、简答题

1. 简述新能源汽车 VCU 的功能。

2. 简述新能源汽车 PEPS 的工作原理。

3. 简述新能源汽车车辆转向盘解锁失败故障诊断流程。

4. 简述 IMMO 认证失败故障诊断与排除方法。

5. 简述电动汽车高压互锁故障诊断与排除方法。

参 考 文 献

[1] 孙志刚,未立东.新能源汽车故障诊断技术[M].北京:人民交通出版社股份有限公司,2023.
[2] 姜丽娟,张思扬.新能源汽车故障诊断[M].北京:机械工业出版社,2018.
[3] 李正国.电动汽车整车故障诊断与分析[M].北京:清华大学出版社,2019.
[4] 包科杰,李健.新能源汽车维护与故障诊断[M].2版.北京:人民交通出版社股份有限公司,2022.